U0729330

国家出版基金项目
NATIONAL PUBLICATION FOUNDATION

"十三五"国家重点出版物出版规划项目
国家出版基金项目
云南省西南边疆民族文化传承传播与产业化协同创新中心建设项目
云南省社会科学普及规划项目
美联基金项目

非物质文化遗产的田野图像

何 明◎主编

云南大学西南边疆少数民族研究中心◎编

石林月湖村密枝节

陈学礼／著

云南出版集团
云南美术出版社

为精神家园守夜

"非物质文化遗产的田野图像"序言

何明

非物质文化遗产积淀着人类的历史记忆，表征着丰富的文化多样性，构建着文化认同的精神家园。而"全球化"(globalization)的迅速推进，把或隐或显的带有西方思想观念和价值体系的"现代性"商品、图像、技术、知识和思想在全球范围迅速扩散，悄然而迅速地吞噬与置换着民族性和地域性的生活方式和非物质文化遗产，西方化的同质性"世界图景"越来越明显而强烈地凸现出来，多样性的文化及其非物质文化遗产面临着生死存亡的危机与考验！

联合国教科文组织 2003 年 10 月 17 日在法国巴黎召开的第三十二届会议正式通过的《保护非物质文化遗产公约》，在"总则"第一条第一款对"非物质文化遗产"的定义是："指被各群体、团体、有时为个人视为其文化遗产的各种实践、表演、表现形式、知识和技能及其有关的工具、实物、工艺品和文化场所。"

民众在行动，演绎出一幕又一幕可歌可泣的非物质文化遗产传承保护的大戏；国家在行动，推出一个又一个保护非物质文化遗产的法律法规；知识界在行动，非物质文化遗产的调查研究成为不同学科共同关注的焦点。作为以人类文化及其多样性为研究对象的学科，民族学和人类学责无旁贷地担当起调查研究非物质文化遗产的主力军和保护传承非物质文化遗产的"守夜人"。

法国艺术大师罗丹曾说："世界上不是缺少美，而是缺少发现。"长期穿行于山林田野之间并驻留于"他者"之中的人类学家和民族学家，以其特有的学科敏锐性不断地发现鲜为世人所知的文化事项和非物质文化遗产，并亲临现场进行细致的参与观察，以撰写民族志的方式表述出来，使之成为"凝视"的焦点。"凝视"的后效在于：唤起文化持有者的文化自觉，以自己存有非物质文化遗产而感到自豪，倍加珍惜与主动传承；拓展其他社会或群体的文化视野，产生文化震撼，尊重异文化，并转化为支持各类非物质文化遗产保护的行动。

作为表征文化的符号系统，非物质文化遗产蕴含着深邃复杂的意义。若不做深入细致的阐释，人们难以理解其意义，也就无从感知与把握。"人类学写作本身就是阐释"。本套书系的作者们在对各项非物质文化遗产进行过程性和细节性描述的同时，也进行了一定程度的意义阐释，以期增进对非物质文化遗产的理解，进而推动保护实践的广泛有效展开。

以上便是本套书系编写的基本目的，也是表述方式选择的根本依据。

在文化多样性不断遭受现代性侵袭的时代，非物质文化遗产这一精神家园需要"守夜人"。我们愿意勉力为之！

克利福德·格尔兹：《文化的解释》，纳日碧力戈等译，第17页，上海人民出版社1999年版。

前言

密枝节，是居住于石林彝族自治县大部分地区，以及陆良县、泸西县、弥勒县、丘北县部分地区的撒尼人最典型的宗教节日。"密枝"是撒尼语的汉语音译，经常与另外的词汇合起来使用，比如"密枝节""密枝林""密枝神""密枝大头目""密枝小头目""密枝祭祀"等。因为只有撒尼男性可参加这个宗教节日，所以，也有人把密枝节叫作男人节。

本书的撰写，力图对石林彝族自治县撒尼人一年一度的密枝节进行一个介绍。撒尼人的密枝节，与其他群体的宗教节日相比，有其独特性和统一性的一面；可是在撒尼人内部，密枝节又呈现出"内部多样性"的特点。比如说：（1）虽然每个撒尼村寨都有自己的密枝林，可是不同村寨密枝林的面积大小、林子特征都不尽相同。（2）不同村寨祭祀密枝神的时间也不一样，有的村子在农历十一月，也有的村子在农历七月。（3）用于祭祀密枝神的牺牲也不尽相同，有的村寨用毛色净白的绵羊，有的村寨用毛无杂色的黑猪。（4）祭祀所用物品、仪式过程等方面也存在着一些差异。（5）不同村寨的密枝神，以及

何新华《撒尼人的男人节》，载民族大家庭，1998 年第 4 期

与密枝神相关的历史传说故事，也往往各有出处。

力图在有限的篇幅中相对全面地阐释石林撒尼人的密枝节，是不切实际的。基于这一现实情况，本书选择石林县两个村子（月湖村和大糯黑村）的密枝节作为描述对象，希望以类似聚焦的方式，集中表现田野调查的现场感受，以及个人的一些思考和困惑。

现隶属于石林镇的月湖村，在地理上位于石林县的北部，村民属于撒尼的"瑟玛"；隶属于圭山镇的大糯黑村，在地理上属于石林县的东部，村民属于撒尼的"滇玛"。这样的选择，一方面希望产生基于不同地理位置而衍生的不同内容，另一方面希望展示文化积淀深厚的村寨与文化积淀薄弱的村寨对密枝节活动的不同应对。

对于月湖村的密枝节而言，本书想呈现三个内容：（1）一个学术界已经习惯的，或者说被学者认可的，具有所谓学术性质的民族学研究文本，也就是在笔者2001年硕士毕业论文基础上修改而来的文本。（2）一个长48分钟、记录了整个密枝节仪式过程的独立影像文本。当然，这个影像文本也可以用来对学术文本进行印证、补充，甚至用于质疑文字文本中分析的内容。（3）形成影像文本的"故事"。讲故事这种最简单的表述方式，也许可为读者提供更多的背景信息，以理解为什么学术研究文本和影像文本最终会以此种样貌呈现出来。

对于大糯黑村的密枝节而言，本书想呈现两个内容：（1）大糯黑村密枝节举办过程的描述，一个纯粹的、不加任何阐释的描述。（2）探讨在政府和村民已经能意识到民族文化需要保护的时代背景下，糯黑村的密枝节是如何被发展和丰富的。

最后，本书将从民族文化保护传承的角度入手，谈一谈对于石林彝族自治县密枝节的理解。

目录

一

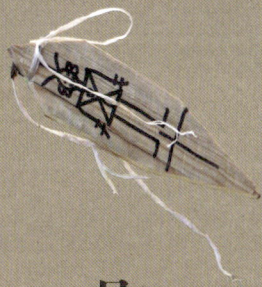

月湖村的密枝节

一、关于密枝节的研究

云南省石林（原路南）彝族自治县境内撒尼人的密枝节，是"与群体居地或领域相联系的一种崇拜"。尽管不同村寨在密枝祭祀时间、祭祀执事团成员的数目及选择条件、所用牺牲的种类及要求、祭祀过程及其操作细节等方面有些差异，但几乎所有村寨的密枝节都是以村寨为单位，由毕摩带领祭祀执事团成员主持祭祀活动，在本村的密枝林中献祭本村的密枝神，以达到"驱除瘟疫、报神功、祈来年人畜兴旺、五谷丰登"的祭祀目的。

云南省少数民族古籍译丛 第8辑《普兹楠兹——彝族祭祀词》黄建明 罗希戈吾译 云南省少数民族古籍整理出版规划办公室编 云南民族出版社 1986年11月第1页

目前可见的文献资料显示，学术界对石林彝族自治县境内密枝祭祀的研究主要有以下三个方面。其一，资料收集。包括对密枝祭祀总体过程进行的记录和描述；对密枝祭祀中相关传说故事、所用经典或祭祀词的收集及整理。如石林彝族自治县民族宗教事务局编写的《路南彝族密枝节仪式歌译疏》一书中，除收集整理密枝祭祀仪式中所用的经文以外，还有密枝神起源的传说故事，以及石林县海宜、板田、

云南省少数民族古籍译丛 第8辑《普兹楠兹——彝族祭祀词》黄建明 罗希戈吾译 云南省少数民族古籍整理出版规划办公室编 云南民族出版社 1986年11月第1页

寨黑、小箐村、维堵渣、窝子山、戈冲里，丘北普者黑仙人洞村等地密枝祭祀过程的实录和描绘。其二，从历史学的角度对密枝祭祀进行的研究。认为"密枝节是中国古代'社祭'的一种地方形式；'密枝节'就是路南一带彝族的一种'社祭'节"。其三，从发生学的角度对密枝节起源进行的研究。认为密枝节源于母系社会。"密枝节重演着母系社会的遗风，男性因地位低下而密林结社，以求得情绪平衡。"

石林彝文古籍研究丛书《路南彝族密枝节仪式歌译疏》石林彝族自治县民族宗教事务局编 云南民族出版社 1996年11月

在已有的研究中，大多是对撒尼密枝祭祀的一般性描述，缺乏对祭祀活动的深入探讨，没有抓住祭祀活动的"关键词"认真分析研究。选择石林彝族自治县石林镇月湖村的密枝祭祀作为研究对象，是因为它是一个深入了解彝族普化宗教的切入点，是有利于探讨密枝祭祀文化内涵的理想田野。笔者不想把撒尼人的密枝祭祀归到人类宗教发展的某一阶段或人类历史发展的某一社会形态中去，以期说明密枝祭祀

石林彝文古籍研究丛书《路南彝族密枝节仪式歌译疏》石林彝族自治县民族宗教事务局编 云南民族出版社 1996年11月

《彝族古老的密枝节》卢义 选自《毕摩文化论》左玉堂 陶学良编 云南人民出版社 1993年6月

是源于某一社会形态的某种崇拜或某种类型的宗教。

　　实际上我们不得不承认，密枝祭祀源于我们大家都无法确证的某一确切历史时期或时间点；同时我们也不得不承认，密枝祭祀还活生生地存在于彝族撒尼人的生活中。当然，对现场的记录和分析的结果，应该是某种程度的集中阐释。考虑到密枝祭祀是彝族撒尼人最为重要的宗教活动，内容丰富，形式多样，要在短时间内作全面深入的研究显然是不可能的。所以，笔者只探讨月湖村密枝祭祀中的一个小问题——"豁"。

　　"豁"是撒尼语的汉语音译，据笔者的理解，该词具有"洁净、使某样东西洁净，跳过去、超越"两层含义；是月湖村密枝祭祀中的关键词，该词在月湖密枝祭祀中的含义主要指"洁净和使某样东西洁净"。

　　在整个祭祀过程中，"豁"贯穿始终，在强化的同时也化解了日常生活中洁与秽的明确分界，创造出一个特殊的时空范围，并使一段时间内的特定区域、行为、物件和语言等等，超越原来的世俗意义，上升到"神圣、圣洁"的至高境界。于是，如何通过语言、观念、仪式、象征的渠道来获得圣洁的境界，成了整个祭祀活动的重心和关键所在。这一部分文字从密枝祭祀的相关禁忌、仪式的象征层面及其他相关要素与"豁"的关系入手，探讨密枝祭祀所蕴含的深层文化内涵。

月湖村庄局部

月湖村的密枝林

毕耀廷《月湖碑序》中有:"……
村为要道关卡建立,负有除暴
安良之责。因此有一天,昆
明官佐路经村时,见一推磨人,
名叫士母磨母怕,带路,此人
无法推辞就退出磨棒去送,走
到偏石头山巅,指着说,你们
沿着山脚走就可以到小村,随
行们硬逼着再送,此人激愤,
举起磨棒打马,马跑远了,就
折了回来。匝月后,士母路母
怕到昆明,恰碰着月前他送宫
佐,随行们一见就整,狠狠打,
开口就问是哪里人。士母路母
怕怕整,生死关头,机灵回答
是哑巴山的,随行们想,连路
没过着哑巴山,忍气吞声而过。
事后回家,与村人叙述在昆经
过事实,村人说笑他是哑巴山,
邻村人反指村为哑巴山村,一
传十,十传百,这样流传下来
了。"一九九八年四月十五日

毕耀廷《月湖碑序》中有:"下
江人到我村勘察后山有宝,累
次购买山脚石头,村人不卖,
据此小学教师张仁宝说,哑巴
山不如耳,更名为耀宝山村"
一九九八年四月十五日

月湖村民在用水牛以"二牛抬
杠"的方式耙田准备插秧

二、月湖村的基本概况

月湖村位于中国国家级风景名胜区石林东北方向 15 公里处,现隶属于云南省石林彝族自治县石林镇(2001 年笔者在月湖开展研究时隶属于北大村乡)。东临西街口乡的绿水塘、雨布宜,西接小村,南与大老挖、小老挖接壤。境内地势平缓,海拔 1905 米左右,基本没有高峻的大山。境内石头较多,属喀斯特岩溶地貌,并因此形成了村子周围大大小小 40 多个岩溶湖泊,景致极佳。

据有关史料记载,月湖最初建寨于宋代末年(月湖张姓家谱中记载宋代末年的张鱼手为村寨创始人),因"建寨之前累经多次改革,故名革温村"。其村名也有"改五村"或"革五村"之说法,但有人认为"五"是"温"的别音,因为 1950 年以前该村与外界往来的文件都是称革温村,而不称改五村。后又改为"哑巴山""耀宝山"(或跃宝山)。张鱼手死后,村寨的人口和田地都被划分到其三个女婿,即尹姓、李姓和赵姓三甲之中去。现月湖人口数位居第二的普姓家族,传说从大理的松树凹迁来,途经昆明碧鸡关、路南文笔山脚、老木哨山梁、糯衣下寨,最后在月湖落脚(见月湖普姓碑记,1997 年 4 月)。

6

1950 年后，曾任云南省副省长、水利厅厅长的张冲根据村东北角上那个水面约 4460 亩的月牙状湖泊（当地人称"嘎地玛"）而更村名为月湖。

月湖是石林镇下设的一个行政村，即月湖村民委员会，辖月湖、猪占村、小寨子三个自然村，共 6 个社。除行政划分以外，月湖人还以自己的区位观念把整个寨子划分为北头、划船位、且拖玛日随（"且拖玛"即村里一大水塘的撒尼音译）、中街心、大菜园、南头、小寨子和猪占村八个片区。全村 2000 多人，撒尼占 81%，汉族人口所占比例不到 19%。撒尼语为人们日常生活中的主要用语，即便是村里的汉族也能操熟练的撒尼语。

月湖村属北亚热带季风气候，年平均温度 15.6℃左右，年降雨量大约 994mm，土壤大部分为红壤。村民主要栽种水稻、玉米、土豆和烤烟，并栽种荞、红薯、白萝卜、胡萝卜以供猪的饲养；一部分家庭靠饲养乳羊和鸡、捕鱼、织布和刺绣来贴补和维持经济支出。

月湖的生态植被保存相对完好，具有生物多样性的特点。整个村子被掩映在成百株有着上百年历史的公鸡树和麻栎树中。同时，村子周围有保存相对完好的山林，如密枝林、村子背后的后山、水管所附近的小松林、山松坡、老羊山等。如此好的生态环境是与月湖村民的生产生活、宗教文化及现代行政管理措施分不开的。

月湖撒尼村民皆能歌善舞，村里常年活动着七八支村民自发组织的民间文艺队，他们使用的乐器和舞蹈道具有大三弦、中三弦、小三弦、笛子、二胡、三线胡、口弦、月琴、唢呐、鼓、锣、钹、镲、霸王鞭、叉、树叶等。在农活之余，他们自发集中在一起，排练舞蹈，或者自

"第七条：本村所属山林、树木、村庄风景树不得乱砍滥伐，偷砍烧柴者，一挑（背）罚款 15 元，一车（牛、马）罚款 120 元，一拖拉机（手扶）罚款 240 元；偷砍成材林木者，按厘米计算，1–10 厘米以内的每公分罚款 5 元，11~20 厘米的每厘米罚款 10 元，21 厘米以上的每厘米罚款 15 元。"

"第八条：全村封山区定为：村后山、山松坡、老坟山、小松园、密枝山、老羊山、李家大山、跤场周围。①任何人不准进封山区拾柴（学校、抽水站、五保老人经批准的除外）。凡在封山区内拾柴一挑（背）罚款 20 元，一车（牛、马）罚款 150 元，手扶拖拉机一车罚款 300 元；②牛、马、羊进封山区，猪进密枝山上的每头罚款 15 元（羊每只 2 元）；③进入封山区一律不准带刀，违者每把刀罚款 5 元；④封山区内葬坟需砍树者，必须在 5 市尺以内，且经批准后方可砍伐，违者按厘米数处理。" 摘自月湖办事处耀宝山村 1998 年 8 月制定的村规民约 "第二章 林业管理"

7

娱自乐以陶冶性情，或者去参加村民自发组织的文艺会演或比赛。同时，撒尼人的婚礼、葬礼以及为出生刚满月的小孩举行的"祝米客"中，也蕴有深刻的文化意义。当然，最引人注目的还是每年定期举行、祭祀各方神灵的八次宗教祭祀活动。其中，每年鼠月第一个鼠日至马日、为期七天的密枝祭祀是月湖村最庄严也最神圣的宗教节日。

三、月湖村密枝节流程

"密枝"是撒尼语的音译，"密"有"地"的意思，"枝"表示"跳或钱"。正如前文所述，该词一般不单独使用，常与其他词汇合在一起表达新的意思。撒尼人每年都要定期祭献密枝神，祈求密枝神护佑村里的人畜和庄稼。但是，不同村寨在密枝林类型、密枝神载体、祭祀牺牲、祭祀时间、祭祀细节等方面都存在差异。例如与月湖村相邻的老挖村，在密枝祭祀的时间、祭祀牺牲、祭祀程序等方面，都与月湖村有着明显的差别。

月湖的密枝神载体是一块状如青蛙的青黑色石头，一年四季都放在密枝林里一个以石头垒起的石洞中。每年鼠月的第一个鼠日，毕摩和密枝祭祀执事团成员便会带上祭祀所用的道具、毛色净白的绵羊、会叫的红公鸡去密枝林里祭祀密枝神。

月湖村撒尼人宗教祭祀活动时间的选择有两种办法：一种是以农历的年月日为依据，如月湖农历正月十五的"沙喜"祭祀、六月二十三的"库嗯哈砸"及七月十五的"揸思堵"；一种是以十二生肖所纪之年月日为依据，如鼠月第一个鼠日的密枝祭祀、兔月第一个兔日的祭龙塘、蛇月第一个蛇日的祈雨等。生肖纪年与农历的对应关系如下：虎月（正月）、兔月（二月）、龙月（三月）、蛇月（四月）、马月（五月）、羊月（六月）、猴月（七月）、鸡月（八月）、狗月（九月)、猪月（十月）、鼠月（冬月）、牛月（腊月）。毕摩和密枝祭祀执事团8个成员是当年猪月第一个鼠日用十二枚硬币卜选出来的。他们自被选中之日起，就必须遵守严格的禁忌，不能同任何与丧事相关的活动和物件有直接或间接的接触，直到下一年新的毕摩和密枝祭祀执事团成员被选出来以后。鼠月第一个鼠日从密枝林里出来以后，六天之内（即马日晚24:00以前）任何人不得进入密枝林。村里则呈现出一派节日气氛，因为村民自鼠日下午14:00至虎日晚24:00不得干农活，男人上山打猎下湖捕鱼，女人则聚在一处绣花叙家常。妇女不能参加密枝祭祀的主要活动，连未成年的小女孩也不例外。相反，小男孩在密枝祭祀中却扮演着极其重要的角色，节日第二天晚上（即牛日）讨米的活动必须由他们来完成。

　　为了让读者在进入正文分析之前对该祭祀活动有一个相对全面的了解，也为方便读者理解文中与祭祀相关的词汇、活动程序、活动内容等，笔者以表格和图画的形式对相关问题作了一些说明。列出了"月湖密枝祭祀执事团成员表"和"月湖密枝祭祀主要活动表"，并以图示的形式阐明月湖密枝林中祭祀的具体路线和程序。具体内容如下：

月湖密枝祭祀执事团成员表

撒尼名	汉语名	人数	民族	职责	要求	其他
毕摩	毕摩	1	撒尼	与知磕一起找树叶；制作九道索门、神牛神马；念经，竖立密枝神位；领头滴酒。	家中一年内无人、畜、猪、狗、猫等死过。三代或四代同堂且夫妻双双健在。	毕摩是确定的，密枝翁玛和知磕最好由家中较长者担任，三人及其家人都不能和任何丧葬白事有牵涉或接触。
密枝翁玛	密枝头	1	撒尼	负责一切祭祀活动事务的安排。	家中一年内无人、畜、猪、狗、猫等死过。三代或四代同堂且夫妻双双健在。	
知磕	酒师	1	撒尼	酿造甜米酒和荞酒；负责祭祀中一切和酒相关的事情及活动。	家中一年清吉、妻子健在，三代或四代同堂。	
日为	挑夫	2	撒尼	挑水。	家中一年清吉，三代无残缺，双双健在。	可由家中年轻力壮的已婚男性担任；不与任何丧葬白事有牵涉或接触。
枣姆	伙夫	2	撒尼	负责在密枝林中用于祭献的饭菜，煮并分羊肉稀饭。	家中一年清吉，三代无残缺，双双健在。	
毫罗	屠夫	2	撒尼	路途中牵羊；杀羊（指毕摩杀死羊后的一切事务）。	家中一年清吉，三代无残缺，双双健在。	

月湖密枝祭祀主要活动表（一）

内容时间	主要人物	具体时间	地点	活动名称	活动具体内容	活动相关问题	其他
猪月第一个鼠日	村民委员会领导、上一届密枝祭祀执事团成员	当天上午	上一届密枝翁玛家	卜选新一届密枝祭祀执事团成员	①村委会推选出来符合条件的人家。②以12枚硬币卜选新一届密枝祭祀执事团成员，共9名。③新旧两届密枝祭祀执事团成员进行任务交接。	①汉族村委会领导不能参加。②午饭由密枝翁玛家管待。	
鼠月第一个鼠日前两天	毕摩与知磕		村四周山上树林中	找制作祭祀道具所需的材料	主要寻找青冈栗叶、刀尖草、清香木、青松毛等。	青冈栗的叶片数目和洁净程度有严格规定。如能不被虫咬过，不能沾有小鸟的粪便等。	该天及以后的所有活动都由新上任的祭祀执事完成。
	知磕		新一届密枝翁玛家	酿酒	①数量较多的甜米酒。②数量较少的荞酒。	知磕在密枝翁玛家酿酒，但知磕酿酒的缸及里面的酒，密枝翁玛及其家人都不能动。	
	除毕摩、知磕以外的七个祭祀执事团成员		本村或外村	买绵羊	共买两只。要求毛色净白，雄性且未被骟过的绵羊。绵羊主人家过去一年内不能有人畜、猫、狗等死过。	主人往往抬高价钱，可以不买，但是不能讨价还价。	

月湖密枝祭祀主要活动（二）

内容 时间	主要人物	时间	地点	活动	活动具体内容	活动相关问题	其他
鼠月第一个鼠日	除毕摩及知磕外	早饭前	绵羊主人家	拖绵羊	密枝翁玛付钱，把绵羊牵回密枝翁玛家。	绵羊主人家要附赠一瓶苞谷酒，不论瓶子大小。	该日自下午三点左右开始全体村民都停止干农活。男人捕鱼打猎或玩扑克；妇女聚在一起绣花，并负责家务活。
	村委会领导中撒尼成员	早饭前	密枝翁玛家	称米	根据当年绵羊、公鸡及其他祭祀用品的开支，初步估算每户应凑米的数量，广播通知全体撒尼村民，称米后登记在册。	除一年内有丧葬白事的人家外，男女老幼皆可来凑米。之后带回由知磕准备的甜米酒。	
	祭祀执事团全体成员	整个下午	密枝林	献祭	以红公鸡和毛色净白的绵羊为牺牲祭祀密枝密神；请密枝神出府；熬羊肉稀饭；分羊肉稀饭。	只有月湖撒尼男性老幼可以来密枝林接羊肉稀饭。	
	祭祀执事团全体成员	祭祀完毕	密枝林出口	第一次滴酒	毕摩领头，共滴三次，退一步滴一次。	该活动不能让村里闲杂人员看见，尤其是随后两天夜里的滴酒活动。	
	毕摩	晚饭后	密枝翁玛家	竖神位	在密枝翁玛家竖立密枝神位。	村里撒尼男女老幼皆可旁观和聆听。	
	村领导及密枝祭祀执事团成员	神位竖立后	密枝翁玛家	分稀饭	各社社长和密枝祭祀执事团成员按凑米的名单分稀饭，一社一锅，平均分完为止。	村里的妇女（也包括未成年小女孩）不能来接稀饭，但是可以吃分回家的稀饭。	

月湖密枝祭祀主要活动表（三）

内容 时间	主要人物	时间	地点	活动名称	活动具体内容	活动相关问题	其他
鼠月午日	祭祀执事团全体	凌晨三点	大礼堂后面路上	第二次滴酒	毕摩领头，共滴三次，退一步滴一次。	夜晚滴酒不能让闲杂人员看见。	一日之内禁止干农活。全村不论汉族还是撒尼都遵循。男性捕鱼捉鸟玩扑克；女性聊天绣花；密枝翁玛必须保证家中香火不断。
	毕摩	晚饭前	密枝翁玛家	经文念诵	述说密枝神带上网，外出撵山，狩猎。		
	村社领导及密枝祭祀执事	晚饭前	密枝翁玛家门前	熬羊肉稀饭	每个社一锅，共五锅。	过去要等晚上村里未成年小男孩讨米回来才熬稀饭，现在是熬好稀饭再让小男孩出去讨米。	
	村里未成年撒尼小孩	晚饭后	村里	讨米	以道路为界，把村子划分为三个片区，由密枝祭祀执事团成员带领小孩挨家讨米。小孩以竹竿打门，并喊话。	密枝祭祀执事团成员以糖果揽住小孩的心，避免其中途逃跑，以保证讨米任务的圆满完成。	
	村社领导及密枝祭祀执事团成员	讨米归来后	密枝翁玛家门前	分稀饭	社长和密枝祭祀执事团成员按凑米的名单分稀饭。第一轮未分完则再次平均分配，分完为止。	村里的妇女（包括未成年小女孩）不能分稀饭，但可以吃分回家的稀饭。	
鼠月虎日	祭祀执事团全体	凌晨三点	密枝翁玛家附近	第三次滴酒	毕摩领头，共滴三次，退一步滴一次。	夜晚滴酒不能让闲杂人员看见。三天所凑之酒都是用荞酿出的酒。	一日之内禁止干农活。且密枝翁玛、毕摩、知磕三人忌七天。
	毕摩与密枝翁玛	早饭前	知磕家	撵山食宿	密枝神外出撵山回不了家；去知磕家，见好酒招待，决定住一宿。	从密枝翁玛到知磕家的路上，密枝翁玛倒杀羊皮。	
	村领导与密枝翁玛	下午	密枝翁玛家	结算开支	结算密枝翁玛家的所有开支，以大米折算兑之。	密枝祭祀并不凑钱，而是凑米来支付开支。	

11

密枝林中祭祀活动路线及程序图（鼠月第一个鼠日）

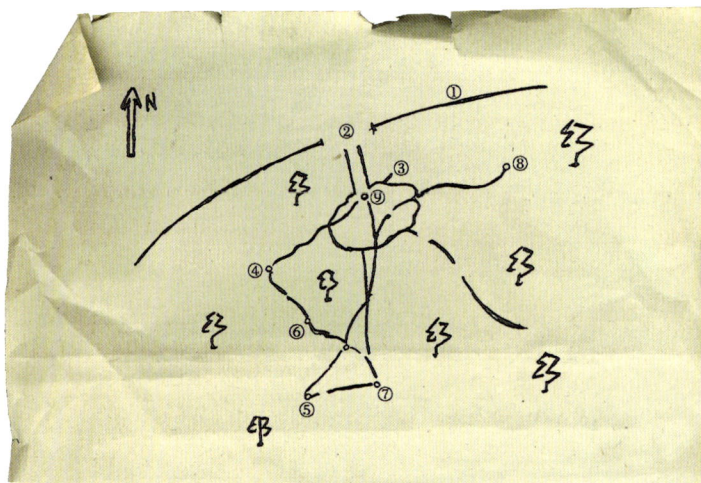

①密枝林围墙　　　　　　②入口
③密枝林中圆形大舞场　　④煮鸡肉、制作道具处
⑤密枝神位所在地　　　　⑥跨火处
⑦熬羊肉稀饭处　　　　　⑧送神牛、神马处
⑨离开密枝林前滴酒处

A：所有成员由②进入，至④歇下所有东西，生火烧水，制作祭祀所用的九道索门和神牛神马。

B：毕摩、知磋、密枝翁玛三人由④经⑥经⑩至⑤，拔去密枝神府第前平台上的杂草，扫去枯枝败叶，并在平台四周六处点上香。

C：毕摩、密枝翁玛、知磋三人带一只红公鸡由④经⑥经⑩至⑤进行鸡之生领。

D：毕摩送制作好的神牛、神马到密枝神府第前，由④经⑥经⑩至⑤，驮去平台上所有邪恶、污秽的东西。

E：毕摩、密枝翁玛、知磋抬煮熟的鸡头、脚、肝、翅，到⑤处进行熟献。由④经⑥经⑩经⑦至⑤，同时在途中拴九道索门。

F：知磋送神牛、神马至③处。由⑤经⑦至③，并在洞口吃掉端去的鸡头、脚、肝、翅等，而后返回④与其他密枝祭祀执事团成员一同吃饭。

G：祭祀执事团成员携带所有东西由④经⑥经⑩至⑦，其中在⑥处要跨浇过冷水的火炭。

H：毕摩、密枝翁玛、知磋三人由⑦至⑤，请密枝神出府娱乐，并完成绵羊的生领。

I：村里男性老幼来到③处，等着接在⑦熬熟的羊肉稀饭。

J：所有成员由⑤经⑦至⑨，在⑨处进行离开密枝林之前的第一次滴酒。

四、"豁"：密枝祭祀的核心

（一）密枝神的家园

    1950 年以前，月湖的生态植被极其完好。在老人的记忆中，村庄东北角上月牙状湖泊（当地人称"嘎地玛"）的四周，以及自月湖至的小村公路两边，都是可以藏躲劫匪的茂密森林。当然，密枝神的家园——密枝林的茂盛程度自不用说。1950 年后的集体公社，以及自 1958 年开始的"大跃进"运动，严重地破坏了月湖的森林植被。当时路南和今天的宜良在行政区划上同属一县，宜良甚至九乡的人都涌入路南亩竹箐或其他地方，凭借当地优越的燃料条件大炼钢铁。月湖的密枝神府第随着山神庙被炸而被人拆去之后，他村村民和部分本村村民也开始了对密枝林的破坏。在"放开肚皮吃饱饭，鼓足干劲搞生产"的口号下，村民把密枝林里的草、树叶及厚达一尺左右的腐殖土全部刨起，运到田间，垒成当时流行的"大粪堆"用于栽种稻谷。结果，那几年月湖村稻谷的产量大大提高，竟与誉为"滇中粮仓"的宜良不相上下。同时，密枝林里许多上百年的古树被砍倒，用于制作

月湖密枝林里面的树木

13

牛车和其他生产工具。用厚木板拼接而成的牛车轱辘，因其易磨损和摩擦易起火的弱点，使得所需木材更新较快，也加速了对密枝林及周边森林的破坏。除此之外，村民还砍倒密枝林里面的大树，修造了一条经现在月湖祈雨台（小松林）东面至村后山约800米长的"铁路"，以木制人力拖斗"火车"运输东西、粮食和粪肥。

到1985年，月湖原有的森林植被已被破坏得差不多了。"嘎地玛"周围、月湖至小村的路两边已经只见高低不平的石头，并无半棵树影。幸运的是，1985年村里的干部号召村民用石头垒砌围墙，把密枝林保护起来，以防止牛马牲口、猪、羊进入密枝林。后来，还颁布了相关管理条例，以罚款的办法来处理进林放牧、进林拾柴和偷砍树木的行为。

月湖村不像有的撒尼村寨，有男性密枝林（也称大密枝）和女性密枝林（也称小密枝）之分，月湖人心中也没有普神（男密枝神）和楠神（女密枝神）的区分。月湖人称他们心目中唯一的密枝神为"密枝斯夜玛"（撒尼语，即"密枝大老爷"的意思），密枝林里密枝神府第中颜色青黑、状如青蛙的石头就是密枝神的化身和载体。密枝林是月湖村的"神林"，即便在平时村民也不会随便进入到林子深处。每年鼠月第一个鼠日，密枝祭祀执事团成员在林间完成一天的祭祀活动以后，自鼠月牛日至马日六天之内，任何人都不会进入密枝林。就连那条界于密枝林与祖灵洞之间，既不属于密枝林也不属于祖灵洞的路也无人敢走，因为在月湖人心中这条路是在密枝林的"上"面。村民还说那六天之内，密枝林及密枝林上面那条路的上空连小雀都飞不过去。在老人的记忆中，现在密枝林中那个圆形露天大舞场，原是一个地势较低，有可食用水渗出的地方。一老太太在祭祀期间进密枝林挑水，被密枝神用平时狩猎的箭射破两只水缸，以及一个密枝祭祀执事团成员在离开密枝林后返回寻找自己遗失东西而被密枝神以箭射死的传说，不断地给村民警示——密枝祭祀的后六天密枝林是不允许任何人进入的，就连密枝神挑选出来伺候自己的密枝祭祀执事团成员也不例外。尽管每年都有9人可以一睹密枝神石的风采，可以参与神秘的祭祀活动，但鼠月牛日至马日六天内，密枝林里的情形于村里任何人来说都是一片空白。他们认为六日之内密枝神都在林子里面狩猎，跳舞娱乐。他们为密枝神奉上这段神圣的时间，以及这个圣洁的场所，就是为了能让密枝神自由自在、高兴玩乐，是不允许任何人打扰的。村民担心、害怕密枝神的箭朝自己射来，也许只是一个源于个人私利的心理问题，但作为全村性的宗教祭祀，村民关心的是人畜的兴衰和庄稼的丰歉。

（二）农活禁忌

密枝祭祀期间，月湖村民鼠月第一个鼠日至虎日三天之内不能干农活，实际是自鼠日下午14:00左右开始，至虎日晚24:00止。日为、枣姆和毫罗与一般的村民一样，守着三日不干农活的禁忌。但毕摩、密枝翁玛和知磕三人要遵守更严格的禁忌，他们七日之内（即鼠日至马日）都不可以干农活。鼠日至虎日三天里，村子周围的田地里没有半个人影，村子里却热闹起来，连通小村和西街口，穿过月湖村的那条公路两边，以及一些宽敞背风比较暖和的院心里，男人们三个一群五个一伙聚在一起打扑克，下象棋或叼着烟斗，抱着烟筒谱神气（聊天、拉家常的当地说法）。不愿意待在家里的男人或下水捕鱼或上山捉鸟。妇女们停下家中织布机上的活，凑在一块儿边拉家常边绣花。

据说三日之内忌干农活是因为那几天密枝神在田、地里面活动，村民下地干活有冲撞密枝神的可能和危险。根据"密枝"二字在撒尼话中的意思，我们姑且可以粗浅一点把其理解为"跳地"或"在地上跳"。月湖村的密枝农活禁忌起码包括三个层面的内容，即密枝神不允许村民下地干活，密枝祭祀执事团成员代密枝神要求村民不下地干活并以身作则，以及村民自己不敢下地干活。自月湖有密枝祭祀的历史以来，村里共出现两个因为不遵守祭祀期间农活禁忌而遭惩罚的先例。一是村里一汉族男性在祭祀期间赶一架水牛去犁地，结果水牛在月湖水管所东南边的一个大草坪台上流鼻血不止，倒地而亡，后来月湖人称那个地方为"昂嗯把堵"，即水牛死掉的地方。一是村中一撒尼男性祭祀期间闲来无聊，扯下挂在公鸡树上的苞谷串，用手脱粒。没多久，浑身上下便长满了状似苞谷的水泡，村民称此为"玉麦泡"。在村民看来，这是密枝神对祭祀期间违反禁忌的行为以及行为主体的严厉惩罚。这两个先例在村里成了老幼皆知、家喻户晓的事情。村民知道，密枝祭祀期间违反农活禁忌不仅会给自己造成诸如流鼻血、生怪病甚至死亡等不良后果，还要费尽周折请毕摩杀鸡念经向密枝神赔礼道歉。当然，违反禁忌也逃不了村民的谴责和咒骂，因为这同时又是关乎全村人畜和庄稼的大事。

旧时，密枝祭祀期间和春节一样，是男人们结伴外出狩猎的大好机会。他们常在祭祀的第一天外出，密枝节结束时回来，所去之地多在陆良、马龙、师宗等县境内。20世纪80年代中后期，村民的猎枪被没收，捕猎成了被禁止的行为。村里的男人只能带着气枪或弹弓，去村子周围除密枝林以外的山林里打鸟娱乐，尽管常常是一无所获。与此相对，捕鱼成了这两天男人们很乐意干的事情，其不仅可以娱乐还可以实现味觉享受，或以鱼为条件邀请亲朋好友来家里喝酒谱神气。可是近年来化学肥料的使用，导致鱼可以生存的领域急剧减少，所以很多人宁可待在家里玩扑克、看电视。妇女则要绣花、纺线、烧饭、喂猪，一天到晚忙着"轻巧"的活计。村里一向积极活跃的文艺队，也宣告排练暂停三天，因为村民认为三弦的声音会传进密枝神的耳朵而惹怒密枝神。织布机也哑巴了，也是因为其噪声会吵得密枝神不能安宁；然而，纺线是可以继续的，因为纺线的机器不会发出像织布机一样"咣当咣当"的声音。

村里人不准干农活是已成定例的事情，当然也不准去放牛。但与放牛性质相同的牧羊却是准许的。因为羊不像牛那样，可以关在圈里喂点草和水就可以了，而是一定要去牧放，即使是祭祀期间。关于"为什么可以牧羊"我将在羊月之"羊"一部分中加以阐述。

（三）撒尼人之外

月湖村张、普、毕、姜、高、昂、潘姓皆为撒尼，尹姓、李姓一家和只有一家的瓦姓为汉族。只占约 19% 左右的汉族在日常生活中也一样操着熟练的撒尼语，汉族小姑娘们也会拥有一两套撒尼服装以备节日时穿。在月湖的宗教祭祀活动中，汉族与撒尼人一样，可以参加正月十五的"沙喜"祭祀，六月二十三的"库嗯哈砸"，兔月第一个龙日的祭龙塘，以及七月十五的"揸思堵"。但是一年一度的密枝祭祀，汉族却被排除在外。

月湖的撒尼人认同他们自己为彝族，对外都自称他们是"民族"，撒尼话叫"尼"（去声），主要与汉族（撒尼话称"显"）及周边"阿细"相区分。这里"显"虽然意指汉族，但在他们的观念里，该词汇是指除撒尼、阿细以外的所有不同族群。这就是该部分不用"汉族与密枝祭祀"而用"撒尼人之外"作标题的原因。每年猪月第一个鼠日，下一年度密枝祭祀执事团成员换届选举时，无论具备何种条件的汉族家庭都没有当选密枝祭祀执事团成员的资格，就连卜选的场所都不能去。即使是在选举中地位不低的汉族村委会干部，也一样要避开这庄严圣洁的时间；同时，以后本应该由村委会干部完成、与密枝祭祀相关的工作，汉族村委会干部也只有委托撒尼干部代办。月湖小学的撒尼小男孩，把去密枝林里享用羊肉稀饭当做一件极其荣耀的事，并借以嘲笑村寨的汉族小男孩。问及为什么汉族不能参加密枝节，他们都说汉族对自己要求不严格，对密枝老爷不够虔诚。不仅不虔诚还在祭祀期间下田干农活，这样会触怒密枝老爷，难保村里一年内人畜少死，导致五谷歉收。所以，1950 年以前，村里的汉族一直被阻拦在密枝祭祀活动的门槛之外。20 世纪 50 年代以来，大跃进和文革破四旧立四新浪潮中，在破坏密枝林植被，拆除密枝神府第的同时，村里的汉族产生了要求在政治、经济甚至宗教上平等的诉求。虽然密枝祭祀是撒尼人代代相传的宗教活动，但村里的汉族并不能逃脱密枝相关禁忌的束缚；何况其人畜的安康和庄稼的丰收也与撒尼人一样，仰仗于密枝神的保佑和恩赐。于是，1985 年月湖恢复传统的密枝祭祀时，村里的汉族提出了参加密枝节的要求。尽管这样的要求不合祖辈的传统，但村里的撒尼人在那场轰轰烈烈的运动中培养的敏锐嗅觉和自我保护意识，促使他们准备接受汉族提出的要求。月湖村密枝祭祀的古老传统面临着在一刻之间改写历史的可能。当年的毕摩被认为是村中极有能耐、无所不通的祭司，其一口咬定不让汉族参加，并带头抵制以捍卫撒尼祖辈的传统。于是，汉族最终还是被隔在密枝林外，密枝祭祀于汉族而言，还是一个遥不可及的神秘领域。

尽管汉族被隔在密枝林外，但他们在与撒尼人接触时依然了解到了一些关于密枝祭祀的知识。尽管密枝祭祀把汉族拒之门外，但汉族并没能逃离密枝祭祀的限制和束缚。在祭祀的头三天，汉族一样不会下地干农活，不敢动织布机，不敢穿过密枝林与祖灵洞之间的那条路；而只能和撒尼人一样烤烤太阳，打打扑克，谱谱神气（方言：聊天、叙家常）。

不是村里所有人都能参加密枝祭祀，但密枝祭祀的相关禁忌却对村里，更确切地说是这块土地上所有的人生效。因为密枝神所护佑的对象不仅仅是撒尼人，而是撒尼人生活的这一方领域。

(四) 男人以外

在密枝祭祀前的深度访谈中，我问村民为什么女性不可以参加密枝节，他们毫不犹豫地给了我一个答非所问的解释："密枝节是我们男人的节日嘛。"任何一个对彝族撒尼人密枝祭祀有所了解的人，都知道密枝节是撒尼男人的节日，是一个与女性无缘的节日。在月湖，只有一年内家中清吉（无人畜、猪、狗、猫死过）的撒尼成年男性才有机会担任密枝祭祀执事团成员；祭祀的第一天下午，只有村里撒尼男性老幼可以去密枝林里享用羊肉稀饭；同时，也只有撒尼男性可以去密枝翁玛家门前接羊肉稀饭，而村里的女性连非祭祀期间都不能获准进入密枝林深处。可以这样说，密枝林里的一切，以及每年在密枝林中举行的祭祀活动，于女性而言都是一片神秘的领域。有趣的是，我历经磨难理顺村里的行政和宗教关系后拍出的录像，依然有人认为女性是不能看的。

在月湖村女性与密枝祭祀无缘的现实面前，2000 年猪月第一个鼠日新上任的祭司给了我一个关于女性不能参加密枝活动的解释。与世界上许多群体神圣洁净的宗教仪式一样，女性每月的例假是她们不能参加密枝活动的原因。但这样一个有些牵强和绝对的解释似乎不能令人信服。首先，实际上女性并非完全被排除在密枝活动之外。祭祀活动的第一天，村里的妇女可以到密枝翁玛家凑自家用于祭祀活动的大米，而且这些大米既可用于熬羊肉稀饭，又可以用于祭祀和献饭；凑米后，妇女可以喝由知磕准备好的甜米酒；尽管女性不能去密枝翁玛家接分给自家的稀饭，但吃接回家的稀饭却是允许的；村里的妇女可以听男人们谈论与密枝相关的事，也会在一起闲聊与密枝节相关的话题；密枝翁玛家里的女性还可以直接参与祭祀活动的某些环节。虽然有人认为女性不能看密枝祭祀的录像，但村里的许多妇女还是怀着好奇的心情，在男人们的宽容下一睹密枝神石的风采，感受密枝祭祀的神秘和神圣。还有一个表面上背离实际上与主题相合的事实是，妇女也要遵守祭祀期间的农活禁忌，特别是不能织布。其次，既知女性月经这一生理周期，当知女性何时来初潮何时绝经。在月湖，无论是九旬老太还是出生一天的女婴，都被排除在密枝祭祀活动以外，仅凭这一事实，我们就可以说月经并非是女性不能参加密枝活动唯一的、绝对的解释。

月湖的妇女常说这样一句话："在我们这一趟（方言：这一带），男人没有点本事，家里的日子是难过呢。"这句话道出了男人在家庭中的顶梁柱作用是不可忽视的。但实际上有一句颇具调侃意味的话——"国家大事男人做主，其余小事女人做主"，很适合月湖村的情况。实际生活中，女人是家庭事务和农活的中坚力量，她们常把有自己身体体积四至五倍的稻草、烟秆和玉米秆背回家；收获稻谷后一袋一袋地背到平坦的地方去晾晒；甚至像碳酸氢氨、尿素之类的化肥也一袋一袋地背回家或背到田里。月湖的撒尼妇女不习惯用粪箕挑东西，但村里七十多岁的老年妇女明显驼背的比例不低却是一个不可抹杀的事实，这正是她们过度辛劳、背得太多的写照。妇女们干完农活，回到家里还要从事喂猪、洗衣服、煮饭、洗刷碗筷、烟叶分类等家务活，但这些活计却被村里的男人认为是女人的事情，尤其是煮饭、收拾和洗刷碗筷。在月湖，碗筷是属于女人的，收拾和洗刷碗筷是女人的天职。男人除挣钱外，也干一点农活，但与女人相比其承担的农活量及压力又轻了许多。而妇女的劳作并不能像收获粮食一样，获得比很少劳动的男人们更高一点的社会地位。尽管月湖勤劳的妇女们完全可以归到有本事的行列中去，但月湖人并不认为一个家庭中只要妇女有本事便行，而是说男人没本事不行。社会给了男人一个与其实际情况不相吻合的要求及社会地位。

另外，在密枝神起源的传说中，密枝神有男性密枝神和女性密枝神之分，即普神和楠神。所以，密枝祭祀仪式歌中有"普兹楠兹"，即迎接普神和楠神的意思。路南海宜村和维堵渣村的密枝林就有两处。海宜村的密枝林包括普摩密枝林（俗称"大密枝"或"男密枝"）和普斯密枝林（俗称"小密枝"或"女密枝"）；维堵渣村的密枝林也分为"普神"密枝林和"盘神"密枝林两处。但月湖只有一个密枝林，一块密枝神石放在一个密枝神府（石洞）中，再看一下祭祀活动中对密枝神的称呼，也许会更加明了。本当分称普神和楠神的密枝神，如今在月湖只有一个合称"密枝斯夜玛、普斯普夜玛"，即密枝老爷的意思。从自古流传下来的古文献典籍到现实的人类学田野，我们发现这里曾有一个从二至一的变化过程。在月湖，密枝神已经完全被合成了一个男性的形象。于锦锈在《路南彝族"密支"节考》一文中总结密枝节的基本特征时，提到经书中说男女皆可参加密枝祭祀后在密枝林或村中的狂欢，比如石林小箐村在祭密枝的第二天，全村不论男女老幼，一起在村公所内会餐。同样，月湖的妇女可以吃接回家的羊肉稀饭，可以去凑大米并喝大米酿的甜白酒等。

实际上，女性并非被绝对排斥在密枝祭祀活动以外，密枝节也并非就是纯粹的男人节。所以，认为密枝节源于母系社会中男性因地位低下而密林结社，以求得情绪平衡的观点是值得商榷的。相反，我们有更充分的理由说女性是随着其社会地位的变化，而逐渐被排斥在密枝祭祀活动之外的。说女性因为月经不洁而不能参加密枝祭祀相关活动，就像"其余小事女人做主"的说法不切实际一样，折射出女人对家庭、对社区的贡献，与其社会地位不相称的一面。事实上，女人当家做主是隐性的，而她们也某种程度地存在于密枝祭祀活动之中。

石林彝文古籍研究丛书 《路南彝族密枝节仪式歌译疏》石林彝族自治县民族宗教事务局编 云南民族出版社 1996年11月 第236页

石林彝文古籍研究丛书 《路南彝族密枝节仪式歌译疏》石林彝族自治县民族宗教事务局编 云南民族出版社 1996年11月 第278页

于锦锈 路南彝族"密支"节考——"社祭"起源与演变的比较研究 载《思想战线》1987年第6期

五、"�"：保持圣洁、超越污秽

自然界中的某些物质及物质的组合或加工成品，因为其本身所特有的性质而被人们视为具有某些特定功能或作用的物件，并被利用在超越其本身性质的空间里，以担任某种社会的、宗教的任务。此类现象，被研究者称为"象征"或"符号化"。考察月湖密枝祭祀中的颜色所隐藏的含义，显得十分重要。在祭祀中，红色被认为是洁净的颜色，是与白色相对立的，而绿色则是介于红白二者之间的一个中性颜色。在月湖村的密枝祭祀活动中，那些被使用的绿色植物，在村民的观念中，具有能够隔离污秽、阻挡污秽靠近圣洁场所的力量，所以，绿色成了祭祀活动中圣洁环境的缔造者和护卫者。

（一）消除污秽的媒介

密枝祭祀执事团的所有成员，都是密枝神选中且家中清吉的撒尼村民，但并不能保证所有成员在任何时候、任何地方都是洁净而不附着邪污的。如前文"月湖密枝祭祀路线程序图"所示，鼠月鼠日在密枝林中④处要以清香树叶煮出的水，清洗带进密枝林的公鸡和绵羊的头、颈、尾、脚等部位，以及祭祀执事团所有成员的手和脸，以达到清洁的目的。清香树叶煮出的水确能洗去祭祀成员手和脸上的汗渍和污物，但并不能洗去人身上所有部位的所有污物，以求得一个真正的、普通意义上的干净身体。因此，在祭祀过程中为求得洁净而进行的清洗只是象征性的，是一个以世俗手段获得宗教象征意义的过程。对公鸡和绵羊清洗过程的了解，也许会更有助于我们理解上述观点。密枝翁玛只用手蘸少许清香树叶煮出的水洒在公鸡和绵羊的头、颈、尾巴、脚等处，以手随便抹两下便算洗去它们身上所有不洁的东西。此后，公鸡和绵羊便可以被名正言顺地带到密枝神府第跟前，完成"生领"这一宗教过程。如果说对绵羊、公鸡和祭祀执事团成员的清洗还带有几分世俗意义的话，那么用于刮去祭祀执事团成员身上及所带东西上的邪污的九道"索门"（以九根草绳制成），以及驮去密枝神府第前不洁之物的神牛、神马，则成了纯粹的象征物。

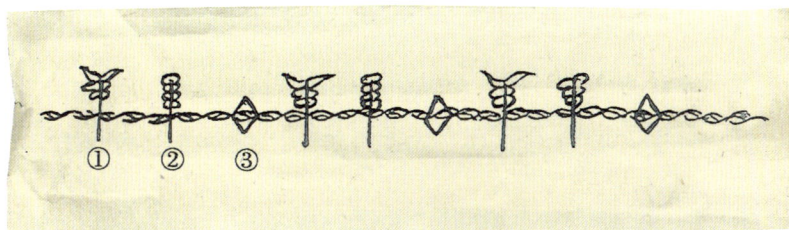

① "几赤几米"（撒尼语汉语音译）② "狗柏"（撒尼语汉语音译）
③ 青冈栗叶包着的米和盐巴

　　如图所示，九道索门以刀尖草为材料搓成，在绳子上等距间隔插上"几赤几米"、"狗柏"、以青冈栗叶包起的大米和盐巴，一共九根。神牛、神马则是以野姜的根为材料，去掉多余的根须，只留下状似牛马身体的两个块状物，插上细棍做成神牛神马的四肢和尾巴，以四片青冈栗叶折成四个鸡蛋黄大小的窝状东西，用削尖的细棍扎在神牛、神马背的两边，算是四个用于驮物件的箩筐。同时，切两块厚不足 2mm、长约 10mm、宽约 5mm 的野姜片，以细棍穿于其中，算是两个铲。九根草绳被拴在从④经⑥经⑦至⑤的路上，成了祭祀执事团成员们必须穿过的九道"门"。所有成员和绵羊以及所带的东西，都要从九道门中的前六道门中穿过，让刀尖草、"几赤几米"、"狗柏"、大米和盐巴刮去他们身上所带的邪污和不洁。对毕摩、密枝翁玛和知磕三人的要求更严格，他们必须经过由⑦至⑤途中的后三道门，才能到密枝神府第前进行相关献祭活动。毕摩把制作好的神牛、神马拿到密枝神府第前，先以两个小铲把府第前平台上的土铲起一些放在神牛、神马背上的四个箩筐里。再以树枝和手象征性地把四周邪恶污秽的东西赶到一起，以手抓一点土放在箩筐里。在此过程中，树枝和手并不与地面真正接触，毕摩并非在抓真正的杂草，也并非在扫真正的枯枝落叶，而只是以做做样子的办法，来实现把平台上所有肮脏、邪恶、污秽的东西扫进箩筐的目的。按照旧时的传统，知磕必须把神牛、神马送到密枝林中一个洞的底部，并在洞口吃掉用于熟献的鸡头、鸡脚和翅膀等，把骨头留在洞口再返回"月湖密枝节祭祀线路图"④处与其他成员一同吃饭。该洞原有两个洞口，一个在密枝林中，一个在村子里面。据说洞内宽敞平坦，曾是村民躲避劫匪的好去处，现在因为村里的洞口被堵而使整个洞都废弃了。密枝林中尚存的洞口成了一年一度密枝祭祀中藏放神牛神马的地方，意思是把那些污秽的东西压在洞的底层，使其远离密枝神和密枝神娱乐的场所。

一年一度的密枝祭祀的头一天，毕摩和知磕或知磕独自一人要去找用于祭祀的刀尖草、"几赤几米"、"狗柏"、青松毛、青冈栗叶等。所有的植物都要求净绿而没有枯斑，要求没被虫咬过，没有粘过小鸟的粪便。除此之外，对青冈栗枝还有叶子数目的限制，要求树叶的数目为单数是一种说法；另一种说法是，要9叶的9把，8叶的8把，7叶的7把，6叶的6把，5叶的5把，共35把。当然，不同的毕摩在祭祀操作细节上存在差异是有不同说法的原因。但不管怎么说，都对青冈栗叶子有数目的严格要求和限制。而且，这个数目必须是天然生成，而非经过人工裁剪得来的数目。在神牛神马驮去密枝神府第前平台上的不洁之物之前，毕摩、密枝翁玛和知磕要打扫该平台的卫生。先拔去平台上长了一年的杂草，再以带叶的树枝扫去平台上的枯枝败叶，最后在平台的四周共六处分别点上两支香。这个行为似乎只是为后面祭祀过程顺利进行而做的准备工作，但也为密枝神创造了一个干净的环境，起码是世俗意义上的干净环境。邀请密枝神石出府娱乐后，对其洞府的清扫亦当属此列。但在四周六处点香的举动却表明，这是一个富含宗教意义的创造洁净空间的过程。在一般的观念中，香是用于供奉神灵或某种具有神奇力量的东西，以求得护佑和平安的物件。如在佛寺里供奉的香，传统汉族家庭春节在门两边、房屋中柱上、灶台等处点起的香，以及在祖先灵位之前所插之香，都是人们为了达到某一目的或实现某一愿望所做出的选择。但在月湖撒尼人的文化体系里，香除了用于供奉密枝神、山神、黑龙、白龙及自己的祖先外，还用于驱除一切鬼怪，隔离一切污秽之物，以保证人或神灵不受侵犯。这得从一个与密枝祭祀毫无牵连的案例说起。村中一张姓男子，其子喜得贵子，尚未满月。一日他与我同在一处喝酒谱神气，深夜欲归，遂向主人讨两支香点起方出了屋门。村民告诉我，这样做了那些鬼怪、邪恶的东西就不敢跟他进屋，未满月的婴儿便不会深夜啼哭或生病。同样，上坟归来的人也要点上两支香，保证自己回到家的身体上不会附着邪恶的东西。在月湖村鼠月第一个鼠日的密枝祭祀、兔月第一个龙日的祭龙塘、蛇月第一个蛇日的祈雨、六月二十三的"库嗯哈砸"等宗教祭祀活动中，香都同时具有供奉神灵和隔离邪污的双重功能。

如上图所示，密枝翁玛以红布垫在手上，抱出密枝神石，并为之

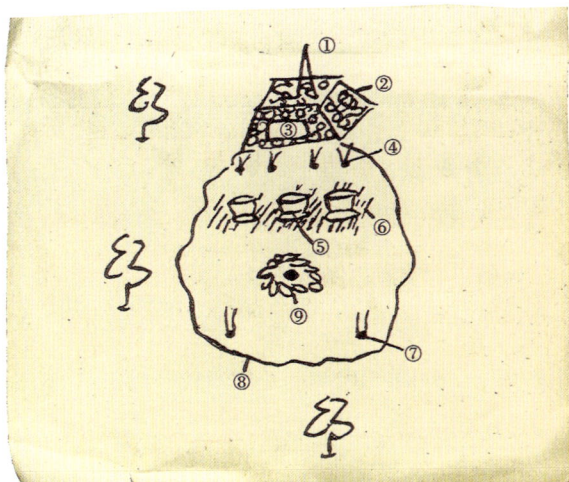

①密枝神府第上的尖状石块②密枝神府第③洞口④点香、插青松毛处⑤供奉荞酒和绵羊血⑥青松毛⑦点香处⑧平台边缘⑨摆在青冈栗枝叶上的密枝神石

换上新的七彩丝线（在村民观念中，这是密枝神的腰带），让其躺在毕摩和知磋铺好的青冈栗枝叶上晒晒太阳、透透气，高兴玩乐。之后，把用于献祭的两个装荞籽酒的碗，以及一个装绵羊血的碗放在铺好的青松毛上。毕摩向密枝翁玛和知磋讲述月湖村密枝神的来历、撒尼人种子的来历、每年选择9个人来祭祀密枝神的根源之前，在点香的四周六处中靠近密枝神府第的四处，插上四季常绿的青松毛枝和"梅达"（汉语音译）枝。这里，密枝翁玛必须保证当天下午密枝神石入府之前香火延续，不得间断。

在"圣洁的通道"一部分中，我将论述绿色是介于红与"白"、圣洁与肮脏之间能隔离邪污的颜色。在祭祀平台上，香和四季常绿的"梅达"枝、青松毛枝插在一处，三者至少有一个功用是同一的，即把所有肮脏、邪恶的东西拒于密枝神府第之外。鼠月鼠日下午，从密枝林里出来之后，毕摩要在密枝翁玛家里念诵经文，说明密枝翁玛家的状况，请求密枝神在密枝翁玛家安心停留，并竖立一个神位作为密枝神的栖身之所。从竖立密枝神位那一刻开始直到虎日晚24:00，密枝翁玛就必须每隔不到两小时为密枝神位换一次香，不得间断。在这里，也是想求得一个洁净的环境和空间，让密枝神安心接受密枝翁玛一家的侍奉。

（二）圣洁的通道

我在月湖村的田野调查有两个目的：撰写关于密枝祭祀的硕士毕业论文，拍摄一部再现密枝节过程的民族志电影。三个月的田野调查之后，笔者自以为用摄像机拍摄密枝祭祀会是一件理所当然、毫无阻碍的事情。然而，去找2000年猪月第一个鼠日新上任的毕摩(祭司)时，才发现自己过于自信了。他很干脆地说密枝祭祀不能拍，一方面这是祖祖辈辈的传统，另一方面他不敢担保以后一年内月湖村2000多人平安顺利、牲畜健康、庄稼丰收。第二天，在村委会主任的开导下，他同意我用摄像机记录整个祭祀活动。在正式祭祀活动的头天晚上，毕摩托人传来了一句话——按照撒尼人的习俗，我必须带一匹一丈长的红布和一只会叫的红公鸡到密枝翁玛家，才有拍摄的可能。这是他们的习俗，没有理由不尊重。第二天一早，在室内的密枝翁玛与在门外的毕摩完成了说明笔者情况的对话后，密枝翁玛接过我抱着的红公鸡，解去挂在我身上的那匹红布。从这一刻起，我获得了一个拍摄密枝祭祀活动的"合法"身份。事后问及村民为什么要带一匹红布和一只会叫的红公鸡去才可以拍摄，他们打了一个很难听但是再贴切不过的比喻——我去拍摄密枝祭祀活动，这就像猪跑到别人家里去一样，超出了自己不该跨越的边界。也就是说，在密枝祭祀（特别是密枝林中的祭祀）以外，我无所谓洁与不洁，因为无须评判；但在活动期间进入到密枝林后，我就是不洁甚至邪恶的，因为超出了我所能获得的界限和活动范围。首先，我是汉族而非撒尼，且是外村的汉族；其次，笔者不是密枝老爷选中的，没有资格与密枝老爷选中的执事团成员一道进入密枝林。然而，在我身上挂一匹红布，并向密枝老爷奉上一只会叫的红公鸡，却可以除去身上的不洁，除去身上附带的邪恶并使我获得更宽的活动范围。在月湖的密枝祭祀中，红色并非被频繁利用的颜色，但却是在关键时刻和关键位置被使用的一个关键颜色。每年用于卜选密枝祭祀执事团成员的十二枚硬币是用红布包着的，祭祀期间在密枝翁玛家竖起的密枝神位中，那个三日不熄的香油灯灯芯是用红布捻成的，还有那个状如拐杖的密枝神位上面，也拴有红布，用于祭献的红公鸡其颜色自当是不言而喻的，密枝翁玛必须用红布垫在手上方可以抱出密枝神石，其后密枝神石又必须躺于铺在厚厚青冈栗叶之上的红布上面。可以这样说，红色被广泛运用于密枝祭祀过程中，首先其是洁净的，其次红色又是能隔离、驱除邪恶和污秽的颜色，否则红布不可能和密枝神石直接接触。那么，我经历了类似挂红的手续之后，被"洁净"了，就具备了接触甚至进入神圣祭祀的资格。

在月湖密枝祭祀中，与红色相对的是"白"。在密枝祭祀前的深度访谈中，村民告诉我，参加祭祀活动的执事团成员连白衣服都不能穿。于是我在拍摄的头两天便赶紧换去自己的白色T恤和白色内裤，但事实证明自己紧张得近乎有点神经质。密枝祭祀的第一天，毕摩穿着白色的火草衣和黑白相间的麻布围腰，一个密枝祭祀执事团成员也身着白色衬衣走进了密枝林。不仅如此，毕摩的衣着还被村民公认是最传统最正宗的打扮。而且，用于祭献密枝神的雄性绵羊必须是毛色净白的；用于熬羊肉稀饭的大米，以及带进密枝林用于献酒和吃饭的碗也都是白色的。说到这里，也许可以明白我在前面的白字上打引号的原因了。实际上，说白色在密枝祭祀中是不洁的、被禁止的颜色，并非是禁止白色，而是隔离白事（即丧事，俗称"白事"）或死亡。即使祭祀执事团成员身着白色衣服，却与白事绝无关联。要成为密枝祭祀执事团的一员，除自己成年已婚、自家三代或四代同堂以外，家中过去一年内不能有人畜、猪、猫、狗死过；其次是不能去参加发丧（即白事），不能去有丧事的人家做客吃饭，不能把自家的桌子、凳子和碗筷拿去办丧事，甚至不能看见丧事。村民为违犯以上禁忌提供了两个关于其后果的解释：一是密枝祭祀执事团成员自身受损；另一个是村里的人、牛、猪、狗、猫的发病和死亡率偏高，庄稼歉收。用密枝祭祀执事团成员的话来说，在当选的一年内，每时每刻都有4000多只眼睛在盯着他们的一举一动。有一年，一个密枝祭祀执事团成员在离任期结束还有三个月的时候，因拗不过朋友的纠缠不小心远远地瞟了一眼发丧的人群（用他的话说是连棺材都没看见），归家后，眼睛便开始红肿疼痛，即使吃遍了能吃的中药西药都无济于事。令他自己吃惊的是，三个月后任期结束，他的眼睛不吃药便自动痊愈。任何一年内不论什么原因造成村里人、牛、猪、狗、猫死亡和发病率偏高及庄稼歉收的后果，都会促使人们把这些后果与所有密枝祭祀执事团成员一年内的行动联系起来，找出一些恰当的理由指责密枝祭祀执事团成员以泄心中之愤，并在条件允许的情况下要求他们重新祭祀密枝神。重新祭祀就其过程来说并不算复杂，一头黑猪当祭品，密枝祭祀执事团成员在密枝林里活动一天便告完事，再无接稀饭、讨米等活动及相关宗教禁忌等。但这会给当年的密枝祭祀执事团成员心理上造成一种负担。所以，一听说村里有人归西了，密枝祭祀执事团所有成员便开始设想和规定自己的行动路线和活动范围，以避免与丧事发生直接或间接的接触。当然，最安全的办法便是成天窝在家里足不出户。不能参加丧事的禁忌是非常严格的，尤其是密枝翁玛、知磕和毕摩三

月湖村密枝林中藏密枝神的石头房子

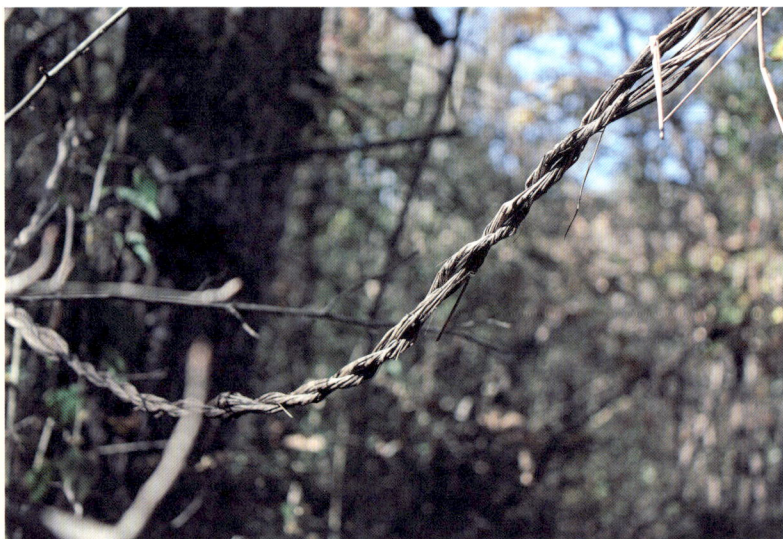

月湖村历年密枝祭祀活动中拴
在林间的草绳

人，所有的家人都得像密枝翁玛、知磕和毕摩一样，遵守着很严格的禁忌。有一年的密枝翁玛就碰上一件极有说服力的事。其嬢嬢病故，但密枝翁玛一家人都只有等到下一届密枝祭祀执事团成员换选之后，才前去"奔丧"。若密枝祭祀执事团成员家里亲人有死亡的可能，原则上必须在该人断气之前把与密枝祭祀相关的东西或职责暂时转送到其他执事团成员家里，以备新执事团成员的补选。密枝祭祀执事团成员在自己任职一年内的任何时间和场所，都必须遵守禁忌，与丧事及丧事的相关活动保持距离、划清界限。禁"白"的范围不仅仅局限于祭祀执事团成员，因为丧事所带来的不洁和邪污会对一年祭祀一次的密枝神不利。首先，过去一年内家有丧事的撒尼家庭，会很自觉地避免与密枝祭祀的相关活动相接触，其目的是避免把邪污的东西带到密枝神周边来。其次，如果密枝祭祀的第一天村里有人死亡的话，必须把密枝祭祀的时间推到该月下一个鼠日，如果密枝祭祀的后六天村里有人死亡的话，主人家必须不动声色地为老人入殓，不哭、不吵、不出殡，所有事情等密枝节结束后再说。当然，这种对于白事的忌讳，在密枝祭祀中也显出了某些效用。不仅村里人认为参加密枝祭祀的人不能穿白衣服，而且由一圈七彩丝线组成的密枝神石腰带中也没有白色的丝线。

介于红与白之间的是绿色。祭祀第一天，密枝林中所有活动开始之前，密枝翁玛要用清香树枝叶煮出的水象征性地清洗绵羊和公鸡的头、脚、尾巴等部位，其后便是所有祭祀执事团成员洗脸与洗手。在密枝林中④处吃完饭后，向⑤处迁移时要通过前文所述的九道索门。请密枝神石出府后，神石被放在厚厚一层青冈栗枝叶上，神石与青冈栗枝叶之间隔有红布。神府与摆放神石之间的空地上铺满了青松毛，密枝神石府前的平台四周六处中，靠近府第的四处也插上了"梅达"枝。同样，在密枝翁玛家里竖立密枝神位时，装满稻谷的盆里面也插上了"梅达"枝，桌面也铺上了青松毛。清香树叶煮出的水可以洗去不洁的东西；用刀尖草编织的草绳上，几种植物可以刮去污秽、邪恶的东西；插在祭祀平台四周和密枝翁玛家里密枝神位四周的"梅达"枝，能够阻挡和隔离不洁；青松毛也一样为密枝神府前面创造了一条洁净之路。以上种种，都是该祭祀活动中绿色及绿色植物所具有的象征功能。如果撇开其宗教含义只看自然现象，会发现"梅达"、清香木、刀尖草、青冈栗、"几赤几米"、"狗柏"、松树等，都是一年

（左）月湖村密枝祭祀中使用的清香木
（右）月湖村密枝祭祀中使用的青冈栗树枝

四季常绿的植物。即使刀尖草会枯萎，也和松毛一样，一部分叶子枯萎的同时，新的嫩叶又长出来了。刀尖草和"狗柏"在村民平时的驱灾和还愿活动中，也被用作驱除病根、不洁东西的物件。密枝祭祀活动选在每年鼠月的第一个鼠日，霜期早已来临，非四季常绿的植物也相应凋零或枯萎。所以祭祀道具制作材料的选择便不能不考虑这一因素。当然，这并非是一个偶然的、全凭自然规律的抉择。四季常绿是生命力旺盛的一个标志，而密枝祭祀的一个目的是求得人丁兴旺、延绵不绝，不随时间的变化和推移出现断绝。同时，生命力旺盛的东西本身具有一种战胜一切的力量，这种力量在驱除和隔离、阻挡邪恶的过程中得以体现。

←	红	←	绿	←	白	→
密枝神的一切	纯净的圣洁的		介于污秽与纯净之间并能阻挡、隔离邪恶		邪恶、污秽不可接触的	自然界所有污秽、邪恶的东西

　　在月湖的密枝祭祀中，红色是干净、圣洁的，可以和密枝神的一切相接触的颜色，白色是一切不洁、污秽之物的代名词；绿色介于红色与白色之间，既可以接触污秽之物，也可以接触圣洁之物，但其有能力把二者分开，特别是有阻止污秽向圣洁靠拢的能力。我用一个图示来表示三者之间的关系。在该祭祀活动中，从白到绿到红再到密枝神，实际上是一个由肮脏、不洁、邪恶到神圣、圣洁的过程。

（三）"脏话"不脏

　　密枝节的第二天晚上，村民希望观看我拍摄的素材，同时提出别放映小男孩去讨米的镜头，因为里面有一些小男孩们喊的脏话。密枝节结束之前，密枝老爷听见这些脏话会不高兴。

"讨米"发生在祭祀第二天的晚上。月湖小学因为小孩讨米的习俗而放假，不上晚自习，村里撒尼未成年小男孩早早砍好自己的竹竿，留住竹竿尖部的枝叶，成群结队地涌到密枝翁玛家门前来。除毕摩、密枝翁玛、知礓以外的六个密枝祭祀执事团成员以道路为界，把月湖村划分成三个不同的片区，带领小男孩们前去讨米。参加讨米的小男孩在出发之前，一定要喝一碗由知礓准备的甜米酒，不喝不行。如果用普通的常识来理解这一行为，是以酒壮胆，但掺过水和白糖的甜米酒实际上并不能起到这样的作用。相反，把其理解为像密枝祭祀执事团成员以清香树叶煮出的水洗脸洗手一样的行为，会更加贴切。甜米酒也能除去小男孩们身上的秽气，让小男孩们完成密枝祭祀活动中讨米这一神圣的任务。密枝祭祀执事团成员一声令下，小男孩们便迫不及待地冲到指定的人家门口，以竹竿使劲地打门、搅门并大声喊着"毕摩与猫交媾、日为与青蛙交媾、枣姆与蟑螂交媾、你家交不交媾"四句话，直到主人端着一碗米送出来为止。

尽管有很多小男孩前来参加讨米的活动，密枝祭祀执事团成员还是会准备一大包糖果，以揽住想中途歇气归家的小男孩，把讨米的工作进行到底。按照旧时的习俗，要用当天晚上讨回去的米熬当天的羊肉稀饭并分给村民。尽管现在是先熬好稀饭再去讨米，但也要等小男孩讨米归来后才可以分稀饭，所以讨米工作的重要性并没有因为先熬好羊肉稀饭而减弱。小男孩喊的四句话，只有特定的人（小男孩）在特定的时间（祭祀第二天晚上）和特定的场合（讨米时）可以喊。这就是为什么村民认为这四句话是脏话的原因了。脱离这个时间和场合，只有相同辈分的男人之间可以小声地讨论这几句话。要是在有女性的场合，特别是有与自己不同辈分的女性的场合，讲这几句话会被认为没有教养、不要脸、下流。即便在祭祀的第二天晚上，当小男孩的喊声越来越近时，与自己不同辈分或不同性别的人同在一处的男人，也会很自觉地躲到合适的地方去。村民在前文所述的特定时间和特定场合之下，也不能对其泰然处之，充耳不闻。但对于密枝祭祀，其蕴含的意义与村民日常生活中的看法和理解却是相去千里。

这句话的由来得从一个有趣的个案说起。当时村里有一人家得一男婴，未满月。正当小男孩们想冲过去搅门讨米时，密枝祭祀执事团成员赶忙止住小孩们，说这家喊不得，不能喊。究其原因，小男孩们用竹竿搅门、打门的声音和喊声会吓着那个未满月的男婴，以后男婴夜里常哭不乖或生病的责任担当不起。但是，这并非一个具有足够说服力的理由。从这四句话的内容来看，其与人类的性相关，也与人类自身的再生产相连。小男孩讨米的动作和过程也可作为其依据。小男孩们的竹竿总是朝着门使劲地打、使劲地搅，同时大声地喊着那四句话。如果主人家不等小男孩上去打门就抬米送出来，小男孩们会扫兴地说道"开了开骂桌"，意思是"交都没有交媾"；如果主人家等小男孩打了很久喊了很久方抬米送出来，小男孩们便高兴地嚷道"开突里呀、开突里呀"，直接翻译的意思是"日出来了"。看到这里，似乎可以这样说，那扇方形的门被看作是一个放大的女性生殖器，而小男孩们所握的竹竿成了一个象征性的阳具。这可以看成是一种惯常的人类学解释，且不论其是否恰当，考察月湖村民对这种习俗的固守，也会发觉"讨米"与种族延续有关。按照传统，主人家应该让小男孩们使劲打门、搅门而不去送米；搅门的时间越长，小男孩喊得越有劲越好。近些年社会不断发展，人们的观念有了变化，觉得四句话听起来有些害羞，不愿让小男孩在自家门前喊的时间太长而早早把大米送出来。但这一习俗并没有因为人们觉得害羞而弃之不要，相反得到村里新兴行政力量的保护。有一次村里一年轻人觉得小男孩所喊之话不堪入耳，遂用铜炮枪恐吓前来打门讨米的小男孩，还好无人员伤亡。

但事情亦被看得很严重，不可饶恕。村民委员会以罚款的形式，要求该男子支付购买祭祀所用绵羊的钱，并要求他向全体村民和密枝神赔礼道歉。从那以后，再也无人敢干涉阻挡此事，村里任何人对当年密枝祭祀有任何不满的地方，都只能等到密枝节过后再提。实际上这是一种满含象征意义的习俗，村民希望通过此举获得一个人丁兴旺的结果。

除小男孩们所喊之话、讨米之动作以及村民传统观念可作为以上结论的依据之外，还可以从主人家送出的东西中获得一些信息。小男孩们喊了话、打了门，总得有一个结果，至少人们希望有一个结果。从这个层面上来说，送米出来起码是实现愿望或解除因喊话而造成的窘境的一个办法。但讨米所具有的宗教意义又远非如此简单。水稻为月湖人主要栽种的作物之一，其以大米的形式出现在密枝祭祀中，自然有源于农业种植方面的意义，即祈求来年五谷丰登；同时，相对于谷穗来说，谷粒是多产的。送出大米，姑且可以理解为送出一个人丁兴旺的希望。

小男孩们所喊的四句话在世俗生活范围内是不洁、肮脏甚至下流的，但月湖的密枝祭祀使其不洁的性质改变了，变成了月湖宗教领域内神圣、圣洁甚至是不可缺少的一个部分。

六、神灵的象征：硬币、"莫"与圣餐

在月湖的密枝祭祀中，密枝祭祀执事团成员必须符合特定的要求才有资格作为密枝神的侍奉人员，绵羊也必须符合特定的要求才有资格作为祭祀密枝神的牺牲。与特定要求不相符的是不合神的旨意，是神所不喜欢、不乐于接受的，也可以说是不洁的，是神圣的对立面。用洁净的大米和羊肉熬出的羊肉稀饭当然是一个洁净的二合体，是密

枝神赐予全体村民的节日圣餐。羊肉稀饭是渗透到村中每一个角落的圣洁物体，是密枝神作为村寨保护神的集中体现。

（一）十二枚硬币的力量

在"密枝祭祀执事团成员表"中，笔者已经阐明了与密枝祭祀执事团成员相关的一些基本情况。有资格担任密枝祭祀执事团成员的人，必须是家中该年内无人畜、猫、狗死亡的成年撒尼男性；其所属家庭起码是三代同堂，且要求三代中的上两代或四代中的上三代夫妻双全；上一届的密枝祭祀执事团成员及其所属家庭是没有候选资格的。每年猪月第一个鼠日，村委会领导挑选出符合以上条件的家庭，把户主姓名报给毕摩，毕摩向密枝神说明该家及该人的基本情况后，以两个一大一小的碗，合在一起，摇十二枚两分和五分的硬币，摇三次后撒在簸箕中，根据数字面朝上的枚数来判定该人能否担任此职。也就是说，以上的条件只是成为密枝祭祀执事团成员的必要条件而非充分条件，能不能成为密枝祭祀执事团成员，密枝神的意愿才是关键。硬币数字面朝上的枚数三次依次递增（或只要是增加），就表明密枝神愿意去他家接受他家人的侍奉，愿意该人担任密枝祭祀执事团成员。村民把这种卜选的方法以及会出现的结果看得很神秘，认为如果密枝神不愿去的家庭即便连卜三次（即摇三九二十七次）也是无济于事。

这里还需要阐明的一点是，密枝神选中的是一个家庭，而非仅仅家庭中的某一特定成员。至于被选中的家庭派谁出任密枝祭祀执事团成员，完全是家庭内部的事。毕摩由谁担任是可以确定的，密枝翁玛和知磕最好由家中较年长的男性或一户之主担任，但日为、枣姆及毫罗最好是由家中年轻力壮的成年男性出任。各祭祀执事团成员的一家人都必须与密枝祭祀执事本人一样遵守某些禁忌以做到"洁家"而非仅仅祭祀执事个人的"洁身"，特别是密枝翁玛、毕摩、知磕家。另

月湖的撒尼人一生共有三个名字，一是孩子满月"祝米客"时村里老人给的大名；一是孩子上学时使用的学名；另一个是青年恋爱时所用的绰号，该名字结婚后停止使用。

外，密枝祭祀的费用问题也有助于更进一步理解上面所说的"洁家"与"家洁"。月湖每年除密枝祭祀和接雨以外的六次宗教祭祀，都是靠各家各户凑钱来支付活动费用的。而密枝祭祀和接雨所要的费用，包括购买绵羊、公鸡、红布、香、香油、七彩丝线、酒及祭祀期间的伙食等，都由密枝翁玛家以现金的形式支付。祭祀结束后，村委会领导班子又用村民凑来的米按市场价格折算，以填补密枝翁玛家的所有开支。当然，有人认为这只是为避免麻烦而采取的一种办法。但其余六次活动为何不避繁就简呢？难道仅仅是为了让密枝祭祀祈雨与其他宗教祭祀在名分上区别开来而甘愿承受麻烦吗？我们有理由说全体村民凑米来完成祭祀活动更接近于密枝神所护佑的范围（五谷丰登）；还有熬羊肉稀饭分给村民需要大量的米也是一个因素。但二者都不是密枝祭祀中凑米而不凑钱的合理解释。从密枝祭祀执事团成员的卜选过程可以看出：密枝神选中的密枝翁玛家是下一年密枝神位所在之处，是下一年侍奉密枝的家庭，当然是洁净而无邪的，包括密枝翁玛家里的人和物件，当然也包括钱。尽管都说钱是沾满各种细菌和病毒的肮脏之物，但在月湖，从宗教的层面看，密枝翁玛家的钱是洁净的。当然，以洁净的钱进行洁净的交易，换得用于密枝祭祀的洁净物件便是顺理成章的事了。所以，获得并维持这种洁净并非密枝翁玛一人的事，而是密枝翁玛一家人的责任，其余密枝祭祀执事团成员也不例外。

鼠月的第一个鼠日，在密枝林中的所有密枝祭祀执事团成员都必须以清香树叶煮出的水洗手洗脸，也必须经过前文所提及的九道"门"，并跨过因浇水而热气升腾的火炭，以求得一个洁净的身体，这里就不再赘述。我想谈的是源于密枝祭祀执事团成员的不同分工，并各司其职互不干扰的"洁净"，正如知磕专管祭祀过程中所有与酒相关的工作一样，其余执事团成员也都尽心尽力地照顾好自己的本职的工作。毕摩负责祭祀和经文的念诵，主持工作的分配并带领执团成员们一起完成祭祀活动。密枝翁玛则按照毕摩的分配，总揽一切事务，当然抱密枝神石出府和回府，为竖在家中的密枝神位换香以及虎日上午去知磕家吃饭倒披羊皮的事情也非他莫属。尽管让村民喝的甜米酒，以及用于献祭的荞籽酒是知磕在密枝翁玛家里酿的，但密枝翁玛及其家人从不插手此事，连揭开来看一看或移一下位置都不敢。除此之外，挑水、宰羊和熬稀饭的工作便分属于日为、毫罗及枣姆了。这似乎是一个很现代的分工合作统筹的过程，而且确实能促进和保证祭祀活动的顺利进行，而这样的安排又具有传统的神圣意味。在卜选密枝祭祀执事团成员的过程中，毕摩要对密枝神说明大家打算让某一家庭出任祭祀中的某一职务，并请密枝神在十二枚硬币中明示。密枝神不仅挑选来侍奉自己的家庭，还在其意志中表示让其在祭祀中担任何种职务。也就是说，密枝祭祀的各执事在祭祀中分管何种工作也是神的意志。尽管实际工作中日为、毫罗与枣姆之间会互相帮点忙以便整个祭祀活动顺利进行，但绝对不会出现诸如改变工作角色、更换工作职责的事。守住工作职责，做好本职工作本身是对密枝神尽职尽忠的表现，从该层面上来说其是神圣、伟大的，也是"圣洁"的。

撒尼人去放羊

（二）羊月之"羊"

　　撒尼人所牧放的羊有山羊和绵羊之分，而撒尼人一年十二个月中羊月的"羊"是指绵羊而非山羊，即"偌撒"而非"启撒"（撒尼语中绵羊音为"偌"，山羊音为"启"）。但我们用十二生肖纪年、纪月或纪日时所说的羊是指山羊而非绵羊，其明显的特征为角与胡子。绵羊是月湖密枝祭祀中供奉给密枝神的牺牲，撒尼语称"莫"，实际上"莫"是对祭祀中所用牺牲的统称，包括绵羊、猪和黄牛。近年来月湖村人口增加，致使每年密枝祭祀都要买两只绵羊，一只带到密枝林中去献祭，另一只则直接放在密枝翁玛家门前，由村社领导干部宰杀用于熬第一天（第一个鼠日）的羊肉稀饭。密枝祭祀对所使用的绵羊有很高的要求，必须符合一些规定的特征，并使羊经历一些关卡以实现其本身的洁净。若本村最近有人死亡，绵羊一定要到外村去买，且要等到祭祀的当天早上才能牵回来。所买绵羊要求是雄性且未被骟过、毛色净白、健壮无病的。这几个基本条件符合之后，还要求绵羊的主人家当年之内无人畜、猫、狗等死过，即主人家必须是家底清吉的。另外，与每年正月十五所用之黑猪、六月二十三所用之黄牛一样，为保证其洁净性，买羊的人不能与主人家讨价还价。撒尼地方有些人利用这一特点来哄抬猪、牛和羊的价格，牟取利益。不过每年的密枝祭祀执事团成员也有应对的办法：不告诉主人家或不表现出这是为宗教祭祀而买的牛、羊和猪。

　　买到主家清吉、毛色净白、未被骟过的雄性绵羊并非大功告成。鼠月第一个鼠日，密枝翁玛以清香树叶煮出的水清洗绵羊的头、颈、尾、脚等部位，实现了使其洁净的第一步。绵羊被毫罗牵着穿过九道"门"并跨过热气升腾的火炭也只完成了洁净的第二步。在密枝神府第前，毕摩向密枝神阐明了关于绵羊的诸种情况后，用清水洗绵羊头、颈、腰、尾、脚的同时，要夸赞绵羊的种种好处。"圣水洗莫头，头石林彝文古籍研究丛书《路南彝族密枝节仪式歌译疏》 石林彝族自治县民族宗教事务局编 云南民族出版社 1996 年 11 月 第 229~234 页

毛松蓬蓬。圣水洗莫身，莫身抖擞擞。圣水洗莫尾，莫尾垂修修。圣水洗莫脚，莫蹄踢嘚嘚。"这便是毕摩所用的祭词。最后，毕摩还要以插在祭台上的香烙绵羊的头、腰、尾处的毛。到此，绵羊方可以作为祭献的牺牲进行生领。

这里，我将探讨在"农活禁忌"一部分中遗留的问题，阐明关于"为什么祭祀期间可以牧羊"的观点。羊不能关在圈里，即便下雪天也要去牧放是一个人所共知的常识问题，这也是月湖人给密枝祭祀期间可以牧羊的解释。但在撒尼人的文化体系里，特别是在密枝祭祀活动中，有更多的依据来论证可以牧羊这一事实。首先，撒尼人的生产方式是农牧并存的，牧的主要内容就是养羊，羊肉和羊奶除了为家庭提供高含量的蛋白质和其他营养成分，也可创造可观的经济收益，因此羊成为重要的家庭财富，与农耕收获共同成为生存发展的保障。密枝祭祀期间禁农事，却可牧羊，一方面说明，牧未禁，日常生活的节律并没有被彻底打乱，同时也昭示出羊在撒尼人观念中的重要性，而且绵羊比山羊更重要。其次，绵羊是密枝祭祀中供奉给密枝神的牺牲。最后，现流传于撒尼村寨中关于密枝神来源的传说中，绵羊与密枝神的关系是诸种传说故事类型中的主旋律。石林彝族自治县民族宗教事务局编写的《路南彝族密枝节仪式歌译疏》一书中，有两个传说故事中的密枝神的初始原形就是牧羊娃或牧羊女。所以，除了羊必须牧放是祭祀期间可以放羊的解释外，还有另外的理由，即羊是与猪、狗、猫不属于同一类别的动物，是密枝神可以宽容的、洁净的动物。所以，羊及牧羊的行为不能被列入禁忌的范畴。

（三）村民的圣餐

在我的家乡陆良，稀饭只是作为生病不想吃饭或某种生理原因不能吃饭而使用的饮食替代品。在大城市或有稀饭饮食传统的地方，稀饭中加点绿豆、皮蛋及其他配料而被命名为绿豆粥、皮蛋粥、瘦肉粥及鸡肉粥等，不仅名字好听还有些滋补和养生的食疗功效。但在月湖，撒尼语称"哐街玛"的稀饭，总是与宗教祭祀活动联在一起，其配料也都

供奉给密枝神的献饭

是用于献祭的牺牲的肉和骨头。如每年农历六月二十五喊魂仪式中所吃的牛肉稀饭；蛇月第一个蛇日祈雨时分给村里未成年小孩们，以及密枝祭祀中分给全体村民的羊肉稀饭。

每年密枝祭祀都要熬三次羊肉稀饭，一次是鼠月鼠日下午在密枝林中只熬一锅供村里部分撒尼男性老幼享用的稀饭；另外两次是鼠月鼠日和牛日两天在密枝翁玛家门前所熬的稀饭，每天熬五锅（一灶一锅），晚上九点或十点左右按前来凑米的名单平均分配到各家各户。熬稀饭所用之米是村里一年之内无人畜、猪、猫、狗死过的人家凑来的，所用的配料是用于献祭的绵羊的肉和骨头，是一个神圣而洁净的二合体。密枝林中只熬一锅供村里男性老幼享用的稀饭似乎是最具有宗教意义的稀饭，似乎是稀饭之中洁净的最高代表，但并不表明在密枝翁玛家门前所熬的十锅稀饭就是不洁的，或不具有宗教意义的。除了熬稀饭所用之米来自于家底清吉的家庭、所用的配料来自于用来献祭的绵羊之外，只有村里的撒尼男性成员可以作为一户的代表到密枝翁玛家门前来接稀饭，而且接回家的稀饭即便吃不完也不能让诸如猫、狗、猪一类的不洁之物食用或接触。这本身就表明了密枝翁玛家门前所熬之稀饭并非不洁或普通之物，其所具有的宗教意义并不亚于在密枝林中所熬的稀饭。

但是，被认为由于月经而不洁的妇女可以享用由男性接回家的稀

饭这一事实却反映出了一个矛盾的问题——来自于神圣密枝节的稀饭怎么能让不洁的人与物接触呢？所以，说妇女因为月经不洁而不能参加密枝祭祀相关活动并不是唯一、绝对的理由。正如我在"男人以外"部分中所提到的一样，妇女并没有被完全隔离在密枝祭祀之外。换言之，月经不洁造成的污秽，与丧葬白事的不吉，有着本质的区别。相反，稀饭是除农活禁忌之外又一个能体现密枝祭祀为全村性宗教活动的物件。密枝祭祀执事团成员们熬出的羊肉稀饭，是密枝神赐予全体撒尼村民的圣餐，是与群体居地或领域相联系的村社保护神——密枝神对村社居民进行保护和护佑的一个宗教延伸、世俗表现。村里的撒尼男女老少都把两天接回家的稀饭作为全家的夜宵。村民所吃下的不仅仅是接回家的稀饭，还有稀饭洁净的本质，当然也有源于密枝神的力量和护佑。村民也希望吃下稀饭能得到密枝神的保护，当然密枝神对每一个人的护佑便是对全村的护佑。可以这样说，羊肉稀饭是渗透到村中每一个角落的圣洁食物，是密枝神作为村寨保护神的集中体现。

七、结语

正如前文所述，月湖每年为期七天的密枝祭祀是为了"驱除瘟疫、报神功、祈来年人丁兴旺、五谷丰登"。在该祭祀活动中，我们完全可以剥离出这样一些静态的要素：密枝神、密枝林、绵羊、公鸡、酒、红布、稻谷、玉米、香、青松毛、青冈栗、清香木、刀尖草、"几赤几米"、"狗柏"、"梅达"、神牛、神马、大米、盐巴、稀饭，甚至"人丁兴旺、五谷丰登"的祭祀目的。事实上，这些事物的表象并不是最重要的，重要的是这些静态的要素在相互关联、相互作用的过程中所体现和表达的深层文化内涵。据此，我们当着力分析的是密枝祭祀过程中，以上所罗列出来的要素是通过何种方式、何种渠道进行相互关联和互动，以实现其宗教祭祀目的，并体现其深层文化内涵的。

从上述分析我们可以看出，村民一直在为创造一个洁净的环境和空间而努力。祭祀期间村民不得进入密枝林；妇女被排斥在祭祀活动的主要环节之外；全体村民禁止下地干农活；汉族没有参加密枝活动的机会；让村里未成年撒尼小男孩完成讨米的重要任务等，都是追求一个洁净空间的不同渠道。另外，在整个祭祀过程中，毛色净白的绵羊必须经过清香树叶水的洗礼、毕摩的夸赞并再度清洗才能进入圣界；红色、绿色及白色为圣洁与邪污划定了界限并以其特有的象征意义界定了自己在祭祀中的位置；密枝祭祀执事团成员必须保证自己在任的一年内不与丧事有任何直接或间接的接触以实现"洁身"与"洁家"；以刀尖草制成的索门，以及野姜制成的神牛神马担起了驱除污邪的职责；香在祭祀中肩负着供奉与隔离邪污的双重功能。不同要素在祭祀过程中往往具有不同的功能、意义及文化内涵，这是以上要素的一般表现。而不同要素在形态上重新组合、在观念上相互关联和对照所表达出来的意义是祭祀活动的重心。由六种不同物件组合而成的九道索门，以及三种不同颜色所具有的文化内涵就是其体现形式。

在此有必要对前人通过研究所得出的祭祀目的作进一步的细化，即"驱除瘟疫、报神功"是手段，"祈来年人丁兴旺、五谷丰登"才是祭祀的真正目的。除了以仪式的办法获得神圣与圣洁的空间外，村民还以分类的观念创造了神圣与世俗两个不同空间，并为之划清界限。祭祀期间，在世俗的空间里活动的人或其他物件本身的性质无所谓洁净与邪恶。当其改变所处的空间后，特别是被放到与密枝相关的一套价值标准体系中时，所有世俗的人或物件都被分成了至少三个类别：与该价值体系相悖的是异类、不洁甚至邪恶的；与该价值体系相吻合的是同类、洁净、神圣的；当然还有一类是即便游弋于不同价值体系也不会受到左右和干扰的中性物件。祭祀的后六天，密枝林是全体村民的禁地，但村民可以在村里其他任何地方像往常一样自由自在地活动；我是汉族的事实，导致拍摄密枝祭祀的愿望和要求遭到了拒绝，但一匹红布和一只红公鸡为我创造了一个适合于新价值体系的合法地位及角色；绵羊是祭祀所用的牺牲，并与密枝神有着千丝万缕的联系而使密枝祭祀期间与放牛性质同类的牧羊成了非禁忌行为；讨米的撒尼小男孩所喊的话，在非祭祀期间是人们所不齿的脏话，但在祭祀的第二天晚上却成了一个不可或缺的内容；诸如吃饭、睡觉、绣花、纺线、喂猪、看电视、聊天等则是一年之内任何时候都可以做的事情，密枝祭祀期间也不例外。

实际上，密枝祭祀中"豁"一词所囊括的一套不成文的规则，在祭祀与非祭祀期间对人们的影响及控制同等重要。其最有说服力的事情莫过于密枝祭祀执事团成员一年四季都必须承受来自于丧事禁忌和村民监督的压力，但这并不表明密枝祭祀执事团成员以外的人非祭祀期间就与"豁"毫无牵连。首先，密枝林是村民都认可的一个确定方位与距离远近的标志点；其次，家有丧事的人必须与密枝祭祀的相关活动保持一定的距离；再次，在村民的观念里，每年人畜与庄稼的好坏都是密枝神高兴与否的表达，也是对村民为密枝神提供的环境洁净与否的检验；最后，村民用石头把密枝林围起来，除了保护以外还表明了独特性，正是这种与众不同在村民心里培养起了一种对密枝神既崇敬又畏惧的复杂情感，密枝林所具有的神秘性与神圣性就是这一种情感的体现。

在传统撒尼民居的内部空间格局中，关牛养马的圈往往被安置在正堂屋的左侧或右侧，而不是放在屋外，这一特点是与猪圈和羊圈的位置相比较而言的。因为社会风尚存在的问题，牛马作为生产役力的重要性得以凸现出来。牛马不病不死是进行和维系生产的基本条件，因为村民习惯使用牛马耕地或运输粮食及粪肥。在新兴灌溉和杀虫技术未被使用之前，所有村民栽种的农作物都必须仰仗于大自然的恩赐，即充足的阳光、适度的降水、尽量少的病虫害；当然还要求庄稼不遭冰雹，不受寒霜，即使20世纪80年代大范围兴起的烤烟种植也不例外。人类深知自己无法与自然的力量相抗衡，于是，祈求密枝神保护庄稼的丰收成了一个似乎很合理的选择。而庄稼的丰歉是关乎生命延续的基本条件，所以密枝神在撒尼人传统日常生活中的重要性可由此窥见一斑。新型生产工具手扶拖拉机、化学肥料、化学农药的使用并不能改变诸如冰雹、寒霜、雨水过多及雨水过少给庄稼带来的不利和灾难。所以，密枝神的重要性也没有因为技术的发展及时间的推移而降低。当人们无法抗拒自然力的时候，神必然成为人们与自然做斗争、控制自然、祈福消灾的伟大力量而倍受崇拜。

庄稼丰歉与否的界定是以人为前提和条件的，是与人相对应而言的。尽管人不能主宰和控制生产的进行和结果，但其是推动生产进行的主体因素。只有人才能照顾好牛马，管理好庄稼并使二者所能遭受的损害减小到最低限度。当然，物质生产是人自身得以继续生存、发展和提高的必要保障。在这个意义上，关心庄稼的丰歉与关心人自身的生息繁衍同等重要。撒尼人为出生刚满月的小孩举行的"祝米客"可以为此提供一些证据。撒尼人的祝米客不仅邀请所有的亲朋好友来家里做客，邀请专门的乐手组成待客队，邀请村里的文艺队进行舞蹈表演，还要在祭拜祖先之后请村里德高望重的老人给孩子取名。当天老人所取之名就是小孩一生使用的大名，其意义和重要性远远大于上学时所取的学名和青年恋爱时使用的绰号。在每年农历六月二十五的喊魂仪式、密枝祭祀执事团成员卜选仪式甚至日常生活中都是用大名而非学名。与该论题相关的内容我在圣洁的"脏话"部分中也有所阐述。尽管一个是关心出生以后的"人"，一个是关注"人"的出生，但二者都是为着同一个目的。

在此，有必要再次回到对前人研究之祭祀目的的细化问题上。村民往往把密枝祭祀中的一些物件用在平时治病或还愿的活动中以达到消灾、驱除病根及隔离邪恶的目的。由此可以获得这样的信息：一切不洁、肮脏、邪恶及污秽的东西在生活中往往以死亡、疾病、庄稼歉收等形式表现出来，至少在月湖村民的观念中是这样的。所以，祭祀活动中驱除污邪的行为即便不和密枝神联系在一起，也具有很深远的意义。

表面上看，这一论点是与密枝祭祀割裂开来，甚至是相背离的，但事实并非如此。每年鼠月第一个鼠日是密枝神新的一年的开始，实际上也可以把其看作撒尼村民新一年的开始。必须承认的一点是，为密枝神创造的洁净空间及环境也是属于月湖村民的，因为密枝神的生活空间与村民的生活空间是同一的。尽管密枝神载体一年到头都在密枝林里面，但每年都要挑选一个撒尼家庭作为密枝神的第二栖居点。实际上，除秽是实现洁净的手段，但并不是完全为了密枝神，或一定要和密枝祭祀联系在一处才有意义。这就是为什么要把前人得出的祭祀目的进一步细化的原因了。但此细化并不影响密枝祭祀的主题及意义，因为村寨的洁净与密枝神空间的洁净并不是对立、矛盾的，而是统一、相辅相成的。而且二者都是为实现人丁兴旺和五谷丰登的目的。只有这样，才能清楚地看到密枝祭祀的真正文化内涵——关注人类赖以生存、发展和延续的两个基本条件，即物质生产和人类自身的再生产。月湖人把此希望寄托于密枝神的力量之上，但密枝神的力量是一把双刃剑而非至善的。而以"豁"的方式为密枝神创造"豁"的境界是实现密枝神力量至善面的理想选择。

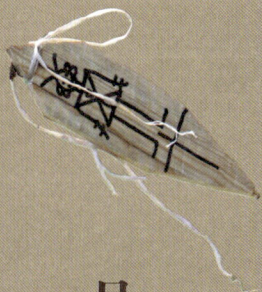

月湖密枝节的影像记录

1999 年 3 月至 2000 年 2 月，我有幸参加了云南大学与德国哥廷根科教电影研究所合作举办的影视人类学高级研究生班，受训于云南大学东亚影视人类学研究所，掌握了独立完成一部民族志电影的基本技能。从那时起，我就萌生了想在自己硕士研究生毕业答辩会上同时呈现一个文字文本和一个影像文本的打算，并于 2000 年 4 月开始了自己第一次真正意义上的田野调查。大约 4 个月的田野调查后，也就是 2000 年农历十月至十一月期间，我花了大约 40 天的时间，完成了影片的实地拍摄。

一、初识月湖

　　2000 年 4 月，硕士学位论文的开题报告过后，我放弃了原来关于苗族服饰的选题，把自己的田野点从预想的文山挪到了石林彝族自治县北大村乡的月湖村。月湖村是尹绍亭教授介绍我去的，他向我描述了月湖村美丽的景致和深厚的民族文化，还说如果可能的话，就把密枝节作为硕士论文的研究对象。

　　虽然从 1994 年就开始接触人类学，但在此之前，我还没有过真正意义上的田野经历。所以，对田野调查抱有的幻想，更多的还是夕阳田野、牛背牧童、民族歌舞、欢声笑语……却很少考虑现实必须应对的问题。

　　去石林的路和我每次回家乡陆良的路在同一条线上，所以没有费什么周折就到了石林彝族自治县县城。而且在出发之前，尹绍亭教授已经给石林县民族宗教事务局的黄局长打过电话，让我直接去找他。可笑的是，我竟然跑到了石林彝族自治县县委门口，乖乖地掏出自己的学生证接受门卫的一番盘问后，才知道自己要找的民族宗教事务局在县政府而不在县委。这一尴尬经历，让我意识到一个道理，在田野调查中，常识也许比书本上的理论更加重要，也会更加有用。

因为路不熟，不得不找了一辆三轮摩的，把我送到县镇府门口，我也是后来才知道当地人习惯把这个三轮摩托车称为"电抱母鸡"。

黄局长很开朗，脑袋里装着数不尽的故事，一点没有辜负云南省社会科学院一位前辈给他的美誉——"路南小百科"。当听说我的高中生涯在陆良一中度过，他立即来了更大的兴致，很急切地询问与陆良一中有关的各种事情，后来才知道陆良一中也是他的母校。黄局长说民族调查要做的第一件事情就是入乡随俗，并且要我当天就实践。从石林县城到石林风景区的途中，一个悬挂着"马板肠"招牌、建于田间的院落，就是黄局长要我"随俗"的地方。虽然我的家乡陆良和石林两县接壤，过去还曾经同属曲靖专区管辖，可是在我家乡几乎没有吃到马肉的可能，这不仅因为家乡人认为马肉"酸"的味觉观念，还因为"吃马肉丢人"的社会观念。一顿除了苦菜以外全是马肉的马肉宴，让我彻底改变过去关于马肉的诸种看法。遂想起马文·哈里斯在《好吃·食物之谜》一书中对马肉品质的描述和肯定，更加坚定了我对马肉的味觉感受。

第二天一早，黄局长来向我辞行的同时带来了我的合作伙伴——一个长我七八岁的撒尼小伙子。他曾经在云南民族学院（现在的云南民族大学）进修彝语，黄局长要求他陪我去月湖有两个目的：帮我做些翻译，并完成他自己的民族文化调查。实际上，在陪我到月湖之前，他已经在村子里面待了3个多月。

从石林县城出发，乘坐到西街口的微型面包车，便可到达月湖村。到石林风景区一直都是沥青路面，过了北大村乡政府就是被他们称为"坐车如同吃苞谷饭"的狗头石铺砌的路面。这条后来成为九石阿旅游专线（九乡—石林—泸西阿庐古洞）的毛路，在雨季来临之前，每一辆在上面奔驰的车都能卷起一条巨大的灰尘带。道路的两边，星星点点的白色石头镶嵌其间的喀斯特岩溶地貌，显得尤为壮观。微型车内的情景也不逊色，本来只能乘坐 6 人的微型车内经常被塞进十个以上的乘客，外加他们随身携带的背篓，背篓里面装着从城里面买回来的各种东西，有时包括鲜活的猪仔和鸡。因为害怕灰尘进入车内，微型车仅有的几个小窗子也被关得紧紧的，车内的人在浑浊的空气里面呼吸着从车底透进来、四处飘扬的灰尘，往往咳嗽不止。

经过了 8 公里的苦苦颠簸后，隐约可见一片顺着山势蜿蜒而下的绿色带时，车子向左边拐离了九石阿旅游专线，朝着那片绿色驶去，上一个坡钻进那片绿色，也就进入了我们要去的村子——月湖，一个 2000 年时有着 480 多户、2000 多人的村庄。

在黄局长的安排下，我们在小普家吃饭，住在月湖小学。"小普"是黄局长对月湖村当年担任土地管理员的普大哥的称呼，大家无论年龄大小都这样称呼他，全然不顾他快 40 岁的事实。正如后来月湖村上到 80 岁的老人、下至刚会说话的小孩都称呼我为"小陈"一样。

村落的石头房子

去月湖的第二天，黄局长给在外做建筑活计的小普打电话，说有一个云南大学的研究生到月湖去做社会调查，让他从外面赶回来招呼我。我们做完访谈回来，他已经准备了一桌有马肉、猪肉、鱼肉却没有蔬菜的晚饭。他家里也聚集了他的一大帮朋友，使得他家那间集客厅、厨房、餐厅功能为一体的茅草房显得异常拥挤。他买了啤酒回来招待大家，因为身体原因戒酒很长时间的我委婉地谢绝了。为了照顾我，小普要求他的朋友都讲汉话。他的朋友在好奇心的驱使下，提出了很多问题问我，我都如实回答；现在我忽然意识到，当时在做田野调查的是他们而不是我。啤酒喝完了，他让他妻子舀出自家酿制的甜米酒接着喝，因为那酒很"恶"（不甜，而且劲很大），大家都兑水喝，酒过三巡，他们不再因为我的存在而说有些别扭的汉话，操起了他们流利的撒尼话。无法从他们谈话中抓住任何信息的我，犹如掉进水里的旱鸭子一样，忍受着想抓住救命稻草但又不能如愿的煎熬。他们自顾说话自顾喝酒的时候，我也开始担心自己的田野调查了。连他们说的话都听不懂，还指望怎么把田野调查做好？何况我要调查的是村民一年一度的宗教祭祀——密枝节。

　　在月湖住了 3 个星期，连照相机都没有带的我，田野笔记中除了一些关于宗教祭祀点的描述、村寨示意图以外，就是一连串因为不懂和好奇而引发的问题。除了看过密枝林里举行宗教仪式的地点以外，我还没有任何关于这个宗教仪式的认识。心存焦虑但又无可奈何的我，只有每天都坚持跟着我的合作伙伴在村子里面转悠，他也坚持每天不厌其烦地向别人介绍我的情况。耗在村子里面 20 多天的有效成果，就是很多村民已经知道有一个云南大学的学生在月湖村做社会调查，他的名字叫"小陈"。

　　月湖小学的孩子们以好奇的目光观察我一段时间后，便开始主动来约我和他们一起去钓鱼、爬山。小学生带我爬到一个村民叫作"且窝萨巴玛"的地方，意思是村头的山包。爬上这个月湖村的制高点，月湖村周围的所有景致皆可尽收眼底。村子东北角的月湖及小松林、东边的老坟山、南面的密枝林、西边的祖灵山、北面的后山，以及村子周围大大小小 40 多个岩溶湖泊，错落有致地散布在月湖这块土地上。小学生们站在山顶指指点点，似乎在争论着什么，后来我才知道他们在找自己家的房子；再后来，我才发现撒尼人有这个"指点江山"的习惯和传统。小学生以学习英语单词为条件，教我简单的撒尼话词汇，他们发现教我说撒尼话有着无尽的乐趣（他们听到我发出别扭的声音就特别开心，还不忘说一句"大舌头"），渐渐忘记了英语单词的学习，经常教我一些简单词汇并不断地检测我记住没有。尽管如此，我的第一次田野调查几乎没有让我记住任何撒尼话的词汇；一想到这样的结果辜负了那群小朋友的热情，心里就感觉特别沮丧。

二、想象与现实——拍摄阻碍

第二次去月湖时，我开始学习诸如"水""茶水""饭""吃饭""瓜子"等日常生活中使用频繁的词汇，但进展极其缓慢。

小普似乎也逐渐明白了我的研究方向，便让他的一个堂弟带我去见村里的两位毕摩。于是，我不仅了解了密枝神的来历和传说故事、密枝祭祀仪式的大体步骤、所需物件等，还知道了月湖村每年八次大型宗教祭祀活动的概况。有了这一线索后，我尝试着去找那些曾经担任过密枝祭祀执事团成员（毕摩、密枝翁玛、知磕、日为、毫罗、枣姆）的村民，了解他们所从事的工作，所要遵守的禁忌，以及不遵守这些禁忌可能导致的后果等。

尽管如此，我的嗅觉依然很迟钝。第二次田野调查准备离开月湖的头一天，一场突如其来的暴雨，迫使我放弃下午的访谈计划。整理完上午的田野笔记，小睡一阵，醒来时看见三三两两的小孩拿着吃饭的口缸和碗朝小松林方向走去。我突然意识到可能有什么事情要发生，赶紧叫醒我的合作伙伴一问究竟，他很平静地告诉我当天是月湖村祈雨的日子。他说话的语气让我哭笑不得，无奈地拿起雨伞，急急忙忙往外冲。此时他却来了兴致，很兴奋地告诉我，别带雨伞。因为参加祈雨的人不能带任何雨具，否则他要承担当年求不到雨水的一切后果。观察了祈雨仪式的后半部分，带着十万分的遗憾，在回学校的头天晚上绘制了一个月湖大型宗教祭祀活动的日程表，以防再次错过接下来的活动。

农历六月二十三到二十五 3 天的时间，我得以完整地观察了月湖村"库嗯哈砸"和"喊魂"的活动。"库嗯哈砸"是农历六月二十三在村后山上杀一头黄牛，祭祀曾经对月湖人祖先有过救命之恩的神灵。但是杀牛的方式很特别，必须先用斧头把牛打昏在地，随后才能用刀子杀。带着照相机和笔记本，我一早随着祭祀的队伍上了后山，在和他们几乎没有任何交流的情况下完成了一天的观察。"喊魂"则是撒尼人把一年四季在外流浪的魂魄唤回来，与附在身上、留守家中的两个魂魄实现"三魂合一"。

再次返回月湖，我把六月二十三日祭祀活动的照片，以及平时在村子里面拍摄的照片逐一送到村民手里。在村民的指引下，我走进主持六月二十三日祭祀活动的领头人家里，当我把照片递给他时，他竟然朝我连说了几遍"那天对不住你了"。我正迷惑他为什么要对我说这句话的时候，他已经开始给我解释祭祀活动当天为什么不和我说话的原因。原来在头一年六月二十三的祭祀活动中，他想请一个在月湖从事社会调查的人为他们照一张照片作纪念，并承诺会先把冲洗照片的钱付给他，可是那人始终以各种理由搪塞他，使他"留个纪念"的想法未能实现。在他看来，我和那个人是一路货色，所以懒得和我说话，更别说要我给他照照片了。

我似乎有那么一种感觉：我在田野点拍摄的关于村民活动的照片，这些照片在村民与我之间建立了一种看不见的联系，而这种联系在我去给他们分发照片的时候得以验证。他们期盼照片到来的同时也在期盼我的到来，直至后来期盼我的到来也形成了一种习惯。

至 2000 年农历十月，我已经在月湖待满 4 个月的时间，已经能够听懂他们一部分日常生活用语，并记住了与密枝祭祀相关的一些重要词汇。我与村民之间的熟悉程度、相互关系随着时间的推移，也得以不断增进。2000 年农历十月第一轮属鼠的日子，我顺利地完成了月湖村新一届密枝祭祀执事团成员换选仪式的拍摄。所有这些进展，让我觉得农历十一月第一个属鼠日祭祀活动的拍摄，一定会很顺利。

但为了稳妥起见，我还是提前一个星期去见新上任的毕摩——2000 年密枝祭祀活动的主持者。我去他家时他还没有起床，他的妻子正在切喂猪的胡萝卜。知道我的来意后，他不紧不慢地从床上坐起来，洗漱完毕后，很直接地对我说："我们祖先传下来的密枝节不能有外人参加，更不能拍成录像拿给外人看。"听到这句话后，我好长时间不知道说什么，呆呆地坐在那里。面对突如其来的打击，反应迟钝的我不得不重新整理自己的思绪，开始向他慢慢解释我拍摄密枝节的原因，诸如把密枝节过程记录下来留给后人看，把过程记录下来作为人类学研究的资料，把过程记录下来以保护月湖的民族文化等等。在陈述的时候，我觉得自己的理由与他们"祖先的传统"相比，显得如此苍白无力。

不过，当我正准备离开时，他忽然补充了一句话：如果月湖村民委员会的领导同意我拍摄这个仪式，他就没有什么意见。

三、转机

第二天一早，我约了村民委员会主任一起来到毕摩家，他不仅很爽快地答应了我的拍摄请求，还与我约定，要在祭祀的头一天带我去

在路口碰巧遇到村里的
刺绣能手

看祭祀可能经过的路线，随后一同上山采集祭祀所需的青冈栗、刀尖草、老米果等植物。

到了约定日子的头天晚上，我待在宿舍整理田野笔记时，小普的五弟来敲我房间的后窗，告诉我有人要和我说话。看到村里那个草药医生在等我，正纳闷时，他已经开腔了，说毕摩请他来传话：虽然村委会主任同意了，但我还必须带一只会叫的红公鸡和一匹一丈长的红布，才能去拍摄密枝节。还说只有这样才符合月湖撒尼人祖辈传下来的规矩。我想这是他们的习俗，当然没有不尊重的道理。想起第二天早上一早要随毕摩去认祭祀的路线，就早早睡去。

我在约定的时间前 15 分钟来到毕摩的家里，可他已经独自上山去采集那些用于祭祀的植物了，而且没有给他妻子留下任何有关他去向的口信。后来我才明白，与密枝祭祀相关的事情，毕摩是不会和他妻子说的。因为害怕错过祭祀植物采集而损害影片过程的完整性，我一边向路上、田地里的村民打听毕摩的行踪，一边到村子附近各个可能长有青冈栗树的山头去寻找。大半个早上的时间过去了，我都没能找到他的任何行踪。

灰溜溜地回到月湖村民委员会办公室后，我把仅存的一点希望寄托在村民委员会用于通知村民各项事务的广播上，希望通过广播让毕摩知道我在找他。可是村民委员会的人却告诉我说："密枝老爷的事情，不能在广播里面喊。"

我开始怀疑到底还能不能拍摄密枝节了。而唯一能做的事情，就是去距离村子 8 公里的北大村街上买毕摩所说的两样东西。在一家小店里面，我买到了红布。因为缺乏判断公鸡会不会打鸣的知识，都不敢在集市上买公鸡，只有回到月湖村去买。

一天的折腾，狠狠地打击了过去我拍摄这个宗教仪式的自信。虽然我已经弄到毕摩所说的两样东西，但心里还是一点底都没有，始终担心自己整个拍摄计划最终会付之东流。那只被拴住脚的红公鸡也因为搬了地方，与我共处一室，整夜都没有安分过。公鸡隔三岔五的鸣叫声，不断把我吵醒，我就在半梦半醒的状态中熬到了天亮。在此之前，我还计划请我的朋友来协助我做一些拍摄的工作，可是现在，自己能不能去拍摄这个仪式都已经是个大问题了。

怀着忐忑不安的心情，第二天早早来到毕摩家门口。毕摩见到带着红布和红公鸡的我，很热情地把我迎进他家。这突如其来的转变，竟然让我忘记了头天发生的所有事情，沉浸在一种不知所措的茫然之中。随后，他很爽快地带我去密枝林，简略地认识了祭祀可能经过的路线。从离他家不远的密枝林回来以后，他把红布披在我的肩膀上，并让我抱着那只可怜的红公鸡，穿过大半个村子，来到密枝翁玛（负责统筹祭祀活动具体工作的大头目）家。直到如今，我一直为当时没有用任何影像手段记录那个场景而深感遗憾。那个披着红布，抱着红公鸡，前面挂着摄像机，背上背着装有拍摄所需各种设备配件的双肩包，左侧挂着照相机的我，在村子里面穿梭的情景，一旦错过了，就永远不再。

在密枝翁玛家门口，站在门外的毕摩和在家里的密枝翁玛、用与日常对话不一样的语调交谈了一阵后，示意我跨过门槛，进入密枝翁玛的家。毕摩解去我身上的红布，密枝翁玛接过我手中的红公鸡。在密枝翁玛拉住我的手并说"小陈，给你添麻烦了"之前，我的心里都还是不安的状态，因为我不知道他们商量的结果又是什么。随后毕摩的一席话让我欣喜若狂："我已经把你要拍录像的事情和密枝神说了，他也同意了。从现在开始，你想拍摄什么就拍什么，想在哪里拍就在哪里拍，不要担心有什么不可以的。"后来我才明白，在刚才那个交谈的仪式中，在家里的密枝翁玛代表的是密枝神的角色，是他同意我拍摄这个祭祀"他"的仪式。

接下来就是充分考验体力和反应速度的时候了。祭祀活动地点的不断变化，以及密枝林里相对狭窄的空间，使我放弃了使用三脚架。为了把毕摩念诵的经文一点不漏地录下来，我不得不长时间用两手扛着摄像机坚持奋战。因为我所用摄像机的电池最多能支持 50 分钟左右，不得不经常抽空跑出密枝林，到附近村民家为刚换下来的电池充电。因为既要拍摄毕摩所在地方的祭祀活动，又要拍摄日为、毫罗、枣姆们准备羊肉稀饭的场景，还要记录前来等着分羊肉稀饭的撒尼男性老人和小孩，我不得不带着摄像机在三个场景中来回奔跑穿梭。为了保证记录内容尽可能地完整，仪式的头两天我不得不坚持熬夜到凌晨 3 点，拍摄他们的"滴酒"仪式，每天只能睡三四个小时……

近 40 天的忙碌拍摄工作结束了，确信已经获得足够用于主题表达、环境交代、村民活动的镜头后，我带着摄像机和拍摄的素材回到昆明。

四、拍摄过程引发的问题

整个拍摄过程都很顺利，虽然技术的处理上出现了一些问题，但是还没有严重到影响到后期剪辑的地步。在接下来的一年多时间里面，发生了两件与拍摄过程相关的事情：一是被质问关于"是否导演村民的行为"；另一个是村子里不断有人死掉的事情。

硕士论文答辩前夕，在没有后期剪辑设备的前提下，我用一台摄像机和一台录像机，按照既定的顺序，以近乎"线性剪辑"的方式，在一个录像带上完成了一个 75 分钟的初编版本。在论文答辩的当天，我得以第一次在大众面前展示自己拍摄的东西，虽然只是初编，但也还是抑制不住内心的激动和骄傲。后来，一位答辩委员看到影片中的一个场景：仪式的第一天，主持祭祀活动的毕摩以及另外 8 个密枝祭祀执事团成员，都穿着样式统一、能够标志撒尼人身份的麻布褂子。于是他问我：是不是我安排他们这样做了？实际上，在拍摄的当天我已经意识到这个存在的问题了，但我又确实没有在该件事情上做过任何摆布、安排和诱导的行为。于是，我只能这样回答委员提出的问题：这确实是被安排过的，可安排的人不是我；当我意识到他们这种自发的"导演"行为后，却不想对这个导演的行为进行再导演，让他们脱去已经穿在身上的统一服装，回归到所谓的真实。

这件事情还让我回想起拍摄过程中的一个细节：在拍摄毕摩和密枝翁玛外出撵山打猎的仪式时，也就是影片结尾的部分，毕摩曾经对我说："我会对密枝翁玛讲一段话，可是你听不懂，等我把重要的话讲完后，我会抬起我的左手，这个时候你就可以关机了。"我也没有思考太多，就照着他说的话去做了。

回到答辩委员提出的问题——关于谁在安排。这里存在着多种可能：影片的拍摄者、毕摩、其他祭祀执事团成员，在此之前来这里拍摄影像资料的人，村民观看的电视节目，还是大家认可的撒尼身份？这一个简单的行为背后隐藏着很多很复杂的原因，但我们都无从知晓。在诸多电视节目、广告宣传节目中，这种安排当地村民穿着民族服装，以表示民族身份或体现民族特征的做法，在节目制作人看来，是天经地义的事情。可是，这种做法在民族志电影的拍摄过程中，却一直是一个争论不休的话题。而且这样的做法除了学科理念上的矛盾以外，还直接涉及电影制作者的职业道德问题。我在此仅仅想把问题抛出来，以期引发一些思考和讨论。

2001年农历三月，在论文答辩之前，我去月湖做论文的补充调查。村民告诉我最近村里接连几起非正常死亡的事件，让村民心里非常不安。一家父子俩在湖里捕鱼的时候，被雷击而死；一个怀有身孕的妇女，半夜里莫名大出血，胎死腹中的同时自己也丢了性命……村

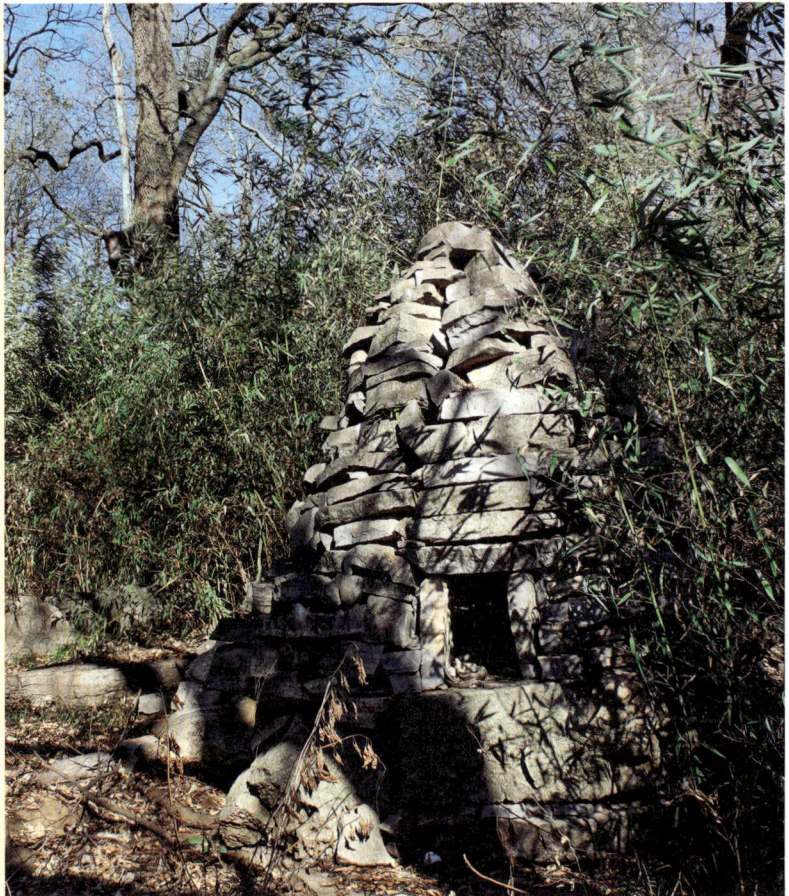

密枝林里堆起来供外人拍摄录
像和照片用的密枝神石洞

里以能掐会算出名的"筮玛"，也开始散布其预言，说当年月湖村将
死 11 个人……

　　想起访谈中"在村民观念中，如果密枝祭祀搞得不好，就会导致
村里人死亡率偏高、庄稼歉收的结果"，我立马追问：他们有没有人
说为什么会死这么多人呢？村民也不避讳，说大家都认为可能是密枝
节搞得不好。

　　密枝祭祀活动搞得不好，祭祀活动不够虔诚，祭祀所用的牺牲有
问题，有外人参加，拍摄了录像，还是别的原因？不知为什么，我内

心忽然涌起一种强烈的负罪感，而且以很快的速度在密枝节与死亡的人之间建立了两个联系：死者之一毕摩，是当年密枝节的主持祭司；大出血并导致死亡的孕妇是当年村委会主任的至亲。

我尽力说服自己这也许只是一个巧合，但依然忍不住向不同的人询问他们认为的原因。后来得知，在村民看来，是当天祭祀执事团成员们穿在身上的白衬衣触犯了密枝神，从而遭到了这样的报应。也就是前文说到的民族麻布褂子，以及祭祀执事团成员穿在褂子里面的白色衬衣。

尽管如此，我还是把自己内心的想法和村里的姜老师等人说了，问他们：是不是因为我拍摄了录像，并当天把录像放给村民观看？他们也不断地强调，这个事情跟我没有关系，因为我是完全按照他们提出的要求去做的。

这个时候，人类学研究中所谓的立场、视角、理论，竟然不能给我以任何帮助。

对于这个问题，我从来就没有轻松过，没有轻松地相信过老人们对我不断强调的那句话：这个事情跟我没有关系，因为我是完全按照他们提出的要求去做的。

就这样年复一年，缠绕在我心头，挥之不去。

五、持续近十年的反应

2009 年 1 月，我曾经想对月湖村的密枝节开展进一步研究，希望研究成果能够纳入由西南边疆少数民族研究中心主编的"西南边疆民族研究书系"中的非物质文化遗产丛书。然而，由于当初没有拍摄整个祭祀过程的照片，自己的硕士论文和一部 48 分钟的人类学影片也只能暂时搁置。

2009 年 12 月 21 日，农历冬月初六，是撒尼人 "鼠月的第一个鼠日"，也就是石林彝族自治县石林镇月湖村民委员会月湖村 2009 年密枝节的日子。12 月初，我托月湖村里的小普去询问今年刚卜选出来的毕摩，是否可以让我去拍摄整个密枝节活动过程的照片。两天以后，我得到一个模糊的消息，毕摩说密枝林里面最好就不要去拍了。可是我想清楚地知道所谓 "密枝林里面" 的界限和范围到底是什么？

　　于是，2009 年 12 月 10 日，我去了毕摩的家。毕摩的妻子正在院子里面洗衣服，他去帮一个村民家浇灌新房的屋顶。可能因为浇灌噪声的原因，他无法听见自己手机的铃声，于是只有请他妻子亲自去找他。回来的他抱着水烟筒，不断地往烟嘴上添黄烟丝，静静地听着我叙述希望拍摄照片的理由和用途。等我说完了以后，他抬起头，说前几天他已经专门去请教了村里的老毕摩，说最好就不要让外人来拍照片和录像了，特别是密枝林里面。我原本以为只是密枝林里面、祭祀密枝神的那个地方不能去，现在知道我是没有踏进林子半步的机会了。而且，在林子外面一些活动的拍摄也被建议 "最好不要" 了。

　　接下来他说的一句话，让我彻底放弃了所有的努力和希望："你也知道，你拍摄录像那年，就连密枝的毕摩自己也不在掉了。"

　　我极力掩饰自己内心的不安和羞愧，和毕摩道别后，离开了月湖村。月湖村那条顺着山势蜿蜒而下的绿色带在我的身后逐渐隐去，我拨通了糯黑村民委员会何主任的电话，问他能不能拍摄大糯黑村密枝节的照片作为我这本小册子的插图，他欣然应允。

三

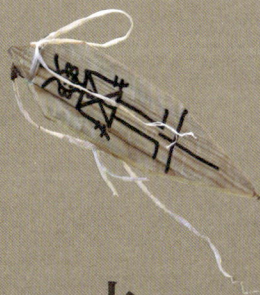

大糯黑密枝节的田野日志

石林彝族自治县圭山镇糯黑村民委员会下属的大糯黑村，位于圭山镇北部，距圭山镇政府所在地海邑约 4 公里，海拔 1,987 米，距石林县城约 30 公里，距昆明市约 120 公里。

糯黑因为村民居住的独特的石板房，也被称为石头寨。2000 年前后，一条始于宜良九乡，途经石林风景区，终于泸西阿庐古洞的公路开始修建，这条被称为"九—石—阿"旅游专线的公路，穿过糯黑村民委员会地界的时候，把糯黑村一分为二，一边是大糯黑村民小组，一边是小糯黑村民小组。2004 年以前，从昆明去大糯黑必先到海邑，再走大约 4 公里的山路，方可到达寨子；2004 年，该公路全线通车以后，从糯黑去昆明、石林县城的交通状况得到了很大的改善。

（左）人类学民族学大会到大糯黑村的考察代表在观摩介绍村寨文化概貌的纪录片（2009 年）
（右）由大糯黑村民组成的仪仗队欢迎人类学民族学大会的考察代表（2009 年）

为了平衡村民委员会距离两个村民小组（即大糯黑和小糯黑）之间的距离，他们把村民委员会办公的地点设在了大糯黑与小糯黑的交界点上。在进入大糯黑地界的入口处，立着几个天然的石头，上面刻写着"石林彝族自治县阿诗玛民族文化旅游生态村""阿诗玛民族文化团结示范村"。2005 年，石林彝族自治县委、县政府把该村列为石林县 7 个"阿诗玛民族文化生态旅游村"建设试点之一，具体工作由县民族宗教事务局负责，并由专人负责联系和指导；在取得诸多建

大糯黑村位于密枝林
旁边的水井

设成就的基础上，石林县民委于 2006 年把大糯黑村列为县级民族团结示范村，以及社会主义新农村建设试点。除了石头上铭刻的标志以外，云南大学早在 2004 年就把大糯黑定为"云南大学少数民族（彝族撒尼支系）调查研究基地"；实际上，大糯黑也是云南艺术学院、西南林学院、红河学院等学校美术系、生态旅游系学生的实习基地。大糯黑独特的建筑形式、相对厚重的民族文化、尚有更多古风保留等特点，使得大糯黑成为了 2009 年在昆明举办的"人类学民族学联合会第 16 届世界大会"的学术考察点之一。

　　"糯黑"是撒尼语的汉语音译，"糯"指猴子，"黑"指塘子，"糯黑"即意为"猿猴吃水嬉戏的水塘"。截至 2009 年 2 月，大糯黑村一共 264 户、1045 人，除了 12 个汉族 1 个壮族以外，其余近 99% 的村民皆为彝族撒尼人，因此撒尼话是村民最主要的日常交流用语。村民依靠种植烟叶、苞谷以获取主要的经济收入。典型的喀斯特岩溶地貌，为村民在日常生活中广泛使用石头提供了条件，村民利用石水缸、石碓、石磨、石猪食槽、石臼等生活用具的同时，还创造了"三正两耳"的传统石板房，目前村中约 98% 的建筑物都保持

大糯黑村民居门前的果树和蜂房

着这种典型的建筑样式，这使大糯黑村赢得了石林彝族自治县"唯一石头寨"的美誉。

村寨的活动中心是一个大约 3600 平方米的广场，分布着糯黑小学、大礼堂、待客处、村民小组办公室，以及糯黑彝族文化博物馆。在广场入口的右边，是糯黑村的神林——密枝林，也是每年农历十一月第一轮属牛的日子祭祀密枝神的地方。在密枝林的下边，是村民过去饮水的龙潭，村民也称这个龙潭为"井"，这是村子里面目前唯一一个能冒出地下水的地方。在村子周围，有山神庙、杜鹃山、杀羊山等与宗教祭祀相关的山林。

站在大糯黑村杜鹃山上看到的
老圭山

一、祭祀执事团成员

2009 年 12 月 20 日，也就是鼠月鼠日的头一天，我来到了大糯黑村。在和村委会主任、密枝翁玛联系之后，我才知道大糯黑村的密枝节与月湖村的有些不一样。在大糯黑村鼠月鼠日并不是最重要的日子，而仅仅是整个祭祀活动的准备阶段。

鼠日当天，密枝翁玛负责的工作主要是准备祭祀需要的各种东西，诸如稻谷、荞、老鼠豆等。石林彝族自治县圭山镇一带，由于地处山区、缺水，不具备种植水稻的条件，所以必须到路南（1998 年以前石林县城所在地的名称）才能找到稻谷。其余东西则是圭山一带盛产的，无须费什么功夫。

密枝翁玛是我 2009 年农历三月十五日那天认识的，因为他年长，我一直称呼他为杨大哥。在 2009 年 7 月底在昆明召开的"人类学与民族学联合会第 16 届世界大会"上，大糯黑村被列为大会的一个学术考察点，供与会代表于会议期间来参观考察。作为大糯黑学术考察点的负责人，我不仅需要准备一场与大糯黑民族文化相关的学术报告，还要拍摄一部展示大糯黑基本民族文化概貌的短片。幸运的是，我竟然赶上了每年农历三月十五日大糯黑村宗教祭祀执事团成员换选的仪式，在这个仪式上，杨大哥被选为今年大糯黑村所有宗教祭祀活动的大头目，当然也就是密枝节中的密枝翁玛。

每年农历三月十五日，是大糯黑村一年一度宗教祭祀执事团成员任务交接的日子。一大早，上一年度的 8 个执事团成员，就会带上锅碗瓢盆和从集镇上买来的菜，来到山神庙前的空地上烧菜做饭，请新一年度即将上任的祭祀执事团成员来吃，并举行任务交接仪式。除了一只红公鸡、香、鞭炮、酒等几样必备的东西之外，其他菜品可由祭祀执事团成员根据经费情况决定。

饭菜煮熟以后，新一年度的 8 个祭祀执事团成员也陆续来到山

神庙跟前。主持宗教仪式的毕摩，也就是当天主持任务交接仪式的祭司，先用一个碗把煮熟的鸡头、翅膀、脚、鸡屁股等能够勾画出鸡的外形特征的部位装起来，加上其他炒熟的菜，供奉到山神跟前，随后在山神庙跟前、山神庙正对面、左右两边点香祭拜，并说明今天是新旧祭祀执事团成员任务交接的日子。

接下来 16 个执事团成员分成两排，分别站在山神庙左右两侧，端着碗，等候毕摩给他们倒酒。他们站立的顺序都是对应的，即新一任的大头目必然站在上一任的大头目对面。毕摩代表全体村民祈求山神保佑村子的安定、人丁的兴旺、庄稼的丰收后，新旧祭祀执事团成员互相交换手中的酒碗，并喝掉碗中的酒，以表示完成任务的交接。

放下酒碗，朝山神庙以及另外三个点香的方向磕头跪拜完毕，燃放鞭炮之后，大家就可以坐下来吃饭，聊天。

与月湖村不一样的是，大糯黑的宗教祭祀执事团成员是轮流担任的。只要过去一年内家里没有出现过人、牛、猪、羊、鸡、猫、狗等死亡的家庭，就可以加入

新旧密枝祭祀执事团成员任务交接仪式

祭祀执事团成员轮流担任的行列。而且，即便今年家中有上述问题，丧失了担任祭祀执事团成员的机会，也可以作为下一年担任执事团成员的后备家庭。所以，实际上任何家庭都会拥有担任祭祀执事团成员的机会。这种按照一定的规律和方向在全村范围内，由村民轮流担任祭祀执事团成员的制度，致使担任祭祀执事团成员成为一种很难得的机缘。按照2009年2月村寨264户人家的规模来计算，2009年担任过祭祀执事的家庭，要大约33年以后，也就是2042年才可能再次担任祭祀执事团成员。所以，在村民看来，担任祭祀执事团成员是一种非常珍贵的荣誉。

在宗教祭祀执事团成员任务交接仪式中，上一任的大头目要把过去一年内保管的东西交给新一任大头目。这些东西包括：两只用羊角做成的号，一瓶已经保存多年的酒，数量不等的香、大米、腊肉以及大年初二在山神庙跟前收集起来的钱币。

从这天开始，这个包括8个人的祭祀执事团成员，就要负责全村一年内所有集体性宗教祭祀活动，直到来年农历的三月十五。

大糯黑村密枝林的大门

二、节前准备

2009 年 12 月 21 日　属鼠

我还在睡梦中，就隐约听见糯黑小学每星期一上午升旗的音乐声。

音乐声刚结束，大糯黑村小组的广播就响了起来。我强迫自己集中精力，可依然未能完全明白村民小组长用撒尼语通知的内容。吃早点的时候，才听主人说明天的密枝节，依然要像往年一样组织活动，只是还不知道如何组织，村民小组长在广播里通知各小组的人自己安排、商量活动如何组织。

2005 年，负责大糯黑村建设的石林彝族自治县民族宗教事务局，尝试着丰富大糯黑村一年一度的密枝祭祀活动内容。他们在维持大糯黑村原有传统宗教祭祀活动的前提下，增加了由全体村民参加的"拉牛车""背媳妇""背洋芋"等活动。村民也按照既定的小组，操办伙食，各小组的男性家庭成员，也有机会集中在一起，喝酒聊天。这种经过适当改革的活动形式，很受村民的欢迎。20 日晚上，在饭桌上与村民聊天的时候，村民还说村委会尚未通知如何组织密枝节的活

大糯黑在村旁的密枝林

动，可以感觉到他们心里有些失落。

由于鼠月鼠日并非大糯黑村正式祭祀密枝神的日子，所以，我虽然早早就起来了，却无所事事。

大糯黑一大早就阴冷无比，还拖着浓浓的山雾。村子里面的核桃树、椿树、苹果树、杏子树、柿子树、李子树等，此时树叶都已落尽，剩下透着沧桑的遒劲树干，在茫茫大雾中，竟然彰显着一种与冬日相抗的力量。

密枝林旁边的水井，依然是清晨最热闹、最能显现村寨生活气息的地方。因为 2009 年久旱不雨，本来供给大糯黑村民饮用水的三角水库，为保县城和集镇居民用水，截断了大糯黑的水源。于是，村民不得不暂时回到这口世代养育大糯黑人的水井里面取水。忙于挑水的村民，或者见面打个招呼，或者站在一起聊点最近村里发生的事情。据村中老人讲述，糯黑村民最先居住在离村子大约 1.5 公里的一个山洼里。因为这一带都是典型的喀斯特岩溶地貌，很难找到水源，生活极为不便。后来村民跟着一群猿猴，找到了这个水源，于是举寨搬迁至此。为了纪念这个伟大的行动，把村名也改为"糯黑"，村民喜欢直接翻译为"猴子水塘"。水塘旁边的这片森林，成了村民供奉、保护的神林——密枝林。

最近一些年，大糯黑村由于社会主义新农村建设、民族团结示范村建设、人类学与民族学联合会第 16 届世界大会学术考察点建设等原因，很多外地人都来到这里。几乎所有人都对"糯黑"两个字背后的意义怀着强烈的兴趣，村民也乐意告知。于是，"糯黑"是指"猴子戏水"的地方，成了凡是来过糯黑的人都知道的一个解释。碰巧村口有一个很大的水塘，与矗立两旁的"杜鹃山""子枪伯山"相映成趣，于是不知不觉中，这个大水塘慢慢变成了"糯黑"所指向的水塘。

大糯黑正在整理麻线的撒尼妇女

密枝林旁边，村民饮用水源的这口水井，不知不觉淡化了其历史和文化底蕴，逐渐成了一个仅仅解决村民生活用水的具体对象。

去村里走走，遇上了一位准备去泡麻的大妈。虽然我在撒尼村寨从事田野调查已经快10年了，也通过访谈知道了关于麻的很多知识，可是从未真正完整地见过泡麻的过程。正好今天无事，我可以心无旁骛地跟随大妈去看。到了村子跟前那个大水塘边，大妈从背上卸下已经晒得有些干的麻秆，一捆一捆地放进池塘里，先在麻秆上横亘树枝，再用石头压在树枝上面，麻随即沉入水中，两天两夜之后来取。随后是撕麻、洗麻、晒麻、绩麻、纺麻等复杂的过程。麻在撒尼人生活中扮演着极其重要的角色，村民穿的麻布褂子、背的麻布挎包、葬礼中使用的麻布团等，都和麻脱不了关系。老年妇女不论坐在哪里，都会拿出随身携带的麻线，不断重复绩麻的动作，这也是撒尼妇女勤劳的一个象征。在糯黑村一年一度的密枝节中，麻秆不仅是制作祭祀道具的一种重要材料，而且被用来靠在村寨入口、密枝林大门两边，扮演趋吉避邪的角色。

在糯黑小学门口的广场上，王大爹与我聊起了糯黑密枝节的一些

密枝节头天晚上，糯黑村一个小组的男性村民集中在本月小组长家商量如何过密枝节

（左）大糯黑村密枝节中使用的华山松树枝

（右）大糯黑村密枝节中使用的青冈栗树枝

事情。文化大革命、破四旧期间，大糯黑一年一度传统的密枝祭祀活动，被认为是封建迷信，是应该铲除的对象，一度停止下来。1980 年前后，也就是家庭联产承包责任制实施的前后，村民逐渐恢复了传统的密枝节。在村民的记忆中，20 多年前，密枝林里除了滇朴、黄连木等树龄皆在百年之上的古树以外，到处长满了竹子。村里的小男孩，可以像猴子一样，从一棵竹子窜到另外一棵竹子上，最终从密枝林的一边窜到另外一边，而脚不沾地。可是 20 世纪 90 年代初期，由于村民大量栽种烤烟，林子里面的竹子被大肆砍伐，用于烤烟苗圃的建设；加上村民保护意识的不断弱化，如今这片竹林几乎消失殆尽。村民再也不能像过去一样，每年都可以分到间伐出来的竹子，用来编织竹篮、粪箕等竹制用具。

为了增强村民的民族文化保护意识，石林彝族自治县民宗局的工作人员采取民宗局设计并投资砂浆水泥和工钱，村民承包的模式，修建了一个张着大口，既像老虎头，又像猫头鹰头，又好像什么都不是的密枝林大门。这个大门修建之后，成了密枝林乃至整个大糯黑村最为显眼的地方，外来的人都喜欢站在门口拍照纪念。村民也乐意把这个大门作为村寨的文化标志，在对外宣传的时候利用起来，就连张贴在村寨里面"灭四害"的宣传画上，印的也是这个大门。

去村里小卖部买东西的时候，遇到几个来水井挑水的妇女。我问她们："明后天过密枝节了，家里吃的水怎么办？"她们说，明后天女人就不来挑水了，挑水的事情由男人负责，因为水井在密枝林的旁边。男人在享受"男人节"赋予的各种权利的同时，负责节日期间家里每天的生活用水，让女人休息一下，也算是权利和义务的统一。

今天清晨村民小组长通知，由各小组自己商量、组织安排今年密枝节的活动。大糯黑是一个自然村，也是糯黑行政村，即村民委员会下属的一个村民小组，该村民小组一直延续1982年以来的体制，下设8个小组。大糯黑村民小组设有1个村民小组长，这是1999年《中华人民共和国村民委员会组织法》实施以来的称呼；在此之前，村民习惯把村民小组长这个角色称呼为村长。在糯黑村民委员会，村民小组长以及村民委员会主任、支书等行政、党政领导干部，都是由全体村民参与，通过民主投票的方式直接选举出来的。在云南绝大部分农村地区，在村民小组长之下，通常根据村寨规模大小来选举、推选或任命数量不等的社长，以协助小组长处理村寨事务，社长和村民小组长一样，有一定的任期。可是大糯黑村民小组采取另外的办法，把整个村民小组分成8个小组，每组设1名小组长，全村共8个小组长。决定这8名小组长的方法，与前文所述的民主选举或任命截然不同，遵循"皇帝轮流做，下月到我家"的办法，即每家每户轮流担任小组长一个月。

为了让村民清楚自己担任小组长的时间，也为了避免村民在小组长交替过程中推卸应该承担的责任，每个小组都专门制作了一个木牌，上面刻有每个家庭户主的姓名，木牌上姓名排列的顺序就是小组长轮换的顺序，木牌由当月担任小组长的家庭保管。从本小组所属的家庭中分家独立的新家庭，从分家之日开始，其户主姓名就被添加到木牌上，从此加入轮流担任小组长的行列。

村民在接到木牌之后，就会很快进入小组长的角色，随时准备着处理当月可能涉及的三类工作：管理村寨公共事务、协助宗教祭祀执事团成员处理祭祀活动、主持村寨发生的丧葬事务。明天各小组组织的密枝节活动，就由本月担任小组长的家庭负责协调。我有幸跟随曾大哥到他所在小组的小组长家去开会，商量第二天如何组织活动的事情。

我们来到当月小组长的家里时，已经有 10 多个人在等了。组成大糯黑村的 8 个小组，经过近 30 年的发展，原本家庭户数规模都很接近的状况也已经改变了，有的小组发展到 35 户之多，有的小组却还停留在 25 户左右的水平。每当遇到类似需要集体商议的事情，村民就会集中到当月的小组长家里，一起讨论如何决策和执行的问题。虽然人还没有来齐，大家已经忍不住各自发表自己的见解。面对这种情况，通常小组长也没有办法立即拿出完全合理、令所有人信服的决策方案。所以，大家决定先由村民各自陈述自己的意见，最后由组长总结，以多数意见为重，并决定活动方案。

先是关于活动经费的问题。为了过密枝节，村委会给每个小组补贴 1000 元的活动经费，另外加上每个小组每周五打扫村寨卫生的经费 500 元，一共有 1500 元活动经费。最先有人提出，应该留下一半的费用给本小组的妇女，由她们自己支配。后来大多数人认为，这些经费既然是用来过密枝节，用来过这个只有男人可以参加的节日，那就由男人支配了。这个决定最终获得大多数人的支持。

其次是活动的形式和内容。种种原因导致村民委员会不能像过去一样，在石林县民宗局的协助下，组织丰富多彩的活动，最终把活动组织的决定权下放到各个小组。曾大哥家所在的这个小组讨论的结果，是把过去传统的活动形式做了一点更改和发扬，即把吃饭喝酒的地方从过去的密枝林中，挪到现在的大礼堂待客处，除此之外也不组织什么新的活动。

哪些人来吃饭，也成为了讨论的一个焦点。有村民提出，既然活动经费属于小组所有，那么所有人都应该有享受的权利，当然本小组所有男女老少都可以去大礼堂吃饭。后来，部分村民认为如果这样突破祖辈的传统，万一来年村寨有什么不顺利事情，难以面对舆论的压力。所以，最终还是决定维持往年的传统，女人不能参加密枝节的吃饭活动。

　　讨论完毕，村民按照以往的习惯，以抽签的方式决定第二天的工作分配。把买羊、杀羊、买菜、洗菜、挑水等工作都安排妥当后，大家才纷纷散去。

密枝节当天一大早来到广场准备杀鸡宰羊烧菜的撒尼男人们

大糯黑村民凑来的鸡蛋

大糯黑村民凑来的腊肉

前来送米、腊肉、鸡蛋、酒、香的大糯黑村民

三、节日当天

2009 年 12 月 22 日 属牛

早上七点五十分，我刚醒来，杨大哥就给我打电话，让我去密枝林下边的水井旁边。因为每户村民都会送一些物件来给等候在那里的密枝祭祀执事团成员，他自己要去牵回已经买好的绵羊，同时去海邑买菜。

密枝林旁边的水井入口处，两个祭祀执事团成员把两只水桶、一个编织袋、一个塑料酒壶放在水井旁边，自己在旁边等候。一只水桶用于装腊肉，一只水桶用来装鸡蛋，编织袋装大米，酒壶装酒。每家人都会自觉地带一个鸡蛋、一块腊肉、两支香、一点大米、一点白酒，交给等候在此的密枝祭祀执事团成员。村里的男人和女人都可以来交这 5 样东西，他们或者专程送来，或者挑水的时候顺便带来。

在糯黑村广场南边的房子里面，也就是村民平时待客的地方，糯黑的 8 个小组分别在不同的灶上生火做饭。村民除了把上面所说的 5

（左）准备抽签决定工作职责
（右）抽签

81

大糯黑密枝祭祀中的"五谷"——稻谷、玉米、荞籽、老鼠豆、芋头

样东西交给密枝祭祀执事团成员以外，还要交一些薪柴用于煮饭烧菜。不同小组的成员按照抽签的结果，各司其职，井井有条，忙得不亦乐乎。有的小组由于头天晚上没有完成工作的分配，就在现场抽签决定。

与这忙碌景象形成对比的是，部分年纪大一些的老人，手里拿着弹弓，在村子里面到处转悠，寻找小鸟，哪里有树就到哪里去。今天，打鸟成了被倡导和保护的行为，不用担心破坏生态平衡的舆论压力。

我正在拍照片，看到石林彝族自治县民族宗教事务局的副局长，和专门从事彝文研究和书写的毕摩驾车前来。想起杨大哥曾经与我说起，县民委的毕老师打电话，让他准备密枝节需要的各种东西的事情。直到这时候，我才把县民委的毕老师和我多年前就认识的毕摩联系在一起，原来是同一个人。

由于毕老师是大糯黑村今年聘请的毕摩，所以他必须在下午祭祀之前准备好需要的各种道具，于是我们一起去密枝翁玛家，也就是杨大哥家。在途中，大家谈论着不同村寨密枝节的不同时间：寨黑——猴月猴日；月湖——鼠月鼠日；清水塘——鼠月马日；老挖——猪月猪日。圭山一带的大部分村寨都是鼠月鼠日开始过节，可是大糯黑鼠月鼠日只是准备各种东西，牛日才正式开展祭祀活动。

（上左）大糯黑密枝节中使用的青冈栗
（上右）用云南松枝削成的"人"

（下左）用华山松枝削成的"人"
（下右）用麻秆做成的"人"

　　在本书第一部分中描述的月湖村一共有七八个毕摩，每年从这些毕摩中选出一个，主持密枝节的活动。可是像月湖这样拥有很多毕摩的村寨毕竟不多，大糯黑村就只有一个毕摩，而且毕摩本身又是村民委员会的党支部书记。据说，糯黑村的毕摩会主持一些小的仪式，但是不敢主持每年的密枝祭祀。比如今年，糯黑村的毕摩敢主持每年农历三月十五日宗教祭祀执事团成员的换选仪式，却不敢承担主持密枝节的重任。学会毕摩的一些基本技能和知识并不难，可是"技术"不够好、其他条件不具备的毕摩，一般不敢主持像密枝节这样的大型祭祀活动。有一个年轻未婚的毕摩，在县民委组织的毕摩培训班学习了毕摩的相关技能和知识，回去后就主动承担本村密枝节的祭祀主持，可是每做一次，就大病一场。后来县民委的毕老师给他出主意，让他在不断加强知识和技术的同时，赶紧结婚生子。据毕老师说，这样的做法效果很灵验。

　　有的村子毕摩很少，有的村子几乎就没有毕摩。由于毕摩一旦被确定为密枝祭祀的主持者，就失去了主持很多宗教仪式，特别是与丧葬相关的仪式的机会。所以，很多毕摩都不太愿意主持本村的密枝节。在很多学者高呼彝族文化保护面临危机的时候，县民委率先推出了"石林彝族自治县毕摩培训班"，召集村子里对彝文、毕摩行业感兴趣的人，在县城集中培训，并一起到圭山举行祭祀"全县密枝神"的仪式。

县民委的毕老师在制作各种祭祀道具的时候，想给糯黑村的毕摩，也就是时任村民委员会党支部书记的毕摩上一堂现场课。于是，他打电话叫糯黑村的毕摩过来学习如何操作。

他们有说有笑，用头天准备好的各种材料，制作如下的道具：

（1）青冈栗树枝：分别留有1、3、5、7、9片树叶的青冈栗树枝，共5枝。

（2）青冈栗树枝削成的"人"：共5个，每个配1个青冈栗树枝，共10件。

（3）云南松树枝削成的"人"：共5个，每个配1个云南松树枝，共10件。

（4）华山松树枝削成的"人"：共5个，每个配1个华山松树枝，共10件。

（5）用麻秆做成小鸟：共5个。

（6）用麻秆削成的人形：共5个。

（7）用麻秆削成的"木棒"：共5根。

（8）用尖刀草搓成的草绳一根，上面固定两块木片，木片上画有小鬼。

（9）用麻秆和草做成的鞭子。

（10）以及用麻秆做成的连枷。

（11）用野姜做成的驮牛。

（12）4根麻秆。

（13）用5个碗装着"五谷"：稻谷、

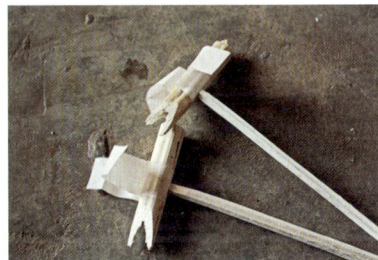

用麻秆做成的"小鸟"

毕摩用野姜块做成的"驮牛"

正在洗麻的撒尼妇女

玉米、荞籽、老鼠豆、芋头。

　　两个多小时后，他们几乎做好了所需的各种祭祀道具。我们步行回到密枝林附近的广场，看村民准备饮食的进展情况。经过村子的大水塘时，看到两个撒尼妇女正在洗麻。一个洗刚从麻秆上撕下来的麻，另外一个洗的是已经制好的麻线。

　　当我们再次回到密枝翁玛家时，他已经把祭祀所用的绵羊牵回来了。还站在手扶拖拉机车厢里的绵羊很健壮，眼睛异常有神。手扶拖拉机栏杆上插着带叶的竹枝，在冬日西南风的吹拂下，与无云的蓝天相互映衬，别有一番韵味。后来我才发现，今天村民所有的手扶拖拉机、摩托车上都插有带叶的竹枝，这是大糯黑村密枝节的标志。密枝

（从左至右）
密枝祭祀中使用的"太阳"和"月亮"——拿出植物的芯
密枝祭祀中使用的"太阳"和"月亮"——植物的芯绕成圈
密枝祭祀中使用的"太阳"和"月亮"——用一段剖开一半的竹片夹住绕成的圈
做成了密枝祭祀中使用的"太阳"和"月亮"

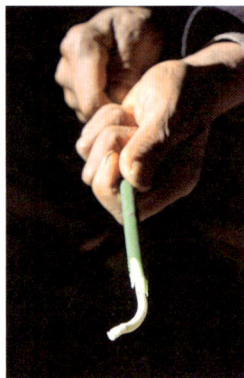

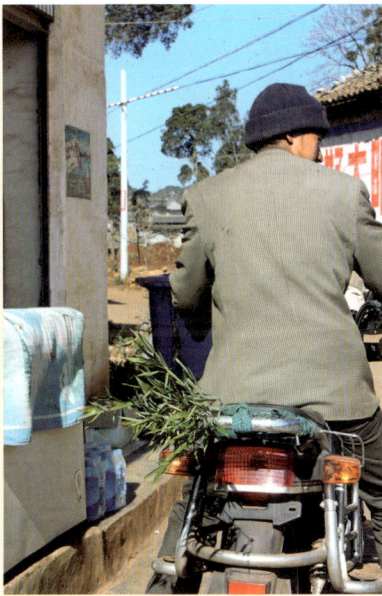

（左）密枝翁玛在绵羊左肩
胛骨外侧的羊毛上拴红线
（右）大糯黑村民在自家的
摩托车上也插上了竹枝标志
过密枝节

翁玛拿了一根红丝线，拴在绵羊左肩胛骨所在位置的羊毛上。今天下午祭祀时，将用这根红丝线拴在密枝神石上面，作为密枝神的腰带。

县民委的毕老师做好了所有道具准备休息的时候，一个年长的祭祀执事团成员从山上找来了一种植物，用植物的芯制作了"太阳"和"月亮"，说这是大糯黑密枝节的传统。第一次看见"太阳"和"月亮"的毕老师也觉得开了眼界。

吃午饭时，大家说起了买绵羊的事情。祭祀执事团成员去买的时候，如果觉得主人家要的价格太高，可以不要，但是不能和绵羊的主人讨价还价。尽管如此，祭祀执事团成员买到的绵羊还是会比市价格高出许多钱。因为石林彝族自治县每个撒尼村寨都要过密枝节，很多人家养绵羊就是为了卖给别人做祭祀用。虽然他们也知道如果今年卖不掉，就只有等下一年，但是他们还是宁可把价要得高一点。对密枝祭祀执事团成员来说，他们想买到宗教意义上"干净"的绵羊，可是绵羊的主人在绵羊离开家的时候，会凑到绵羊耳朵边小声说："白胡

出发去密枝林前，毕摩在
密枝翁玛家为绵羊举行驱
邪、洁身仪式

子老爹，把我们家所有不好的东西都带走吧。"

在吃饭的时候，我得以有一个机会很正式地把自己撰写本书的目的说出来。毕老师听后立刻现出遗憾的表情，说要早知道的话，他今天应该穿毕摩的服装，而不是西装。经过他们的反复协商后，认为大家都应该穿上撒尼人的麻布褂子，因为这是撒尼人的标志。还说，如果不这样做，外面的人看到我拍摄的照片，连他们是什么民族都不知道。就在这时，有人打电话给杨大哥，要他去做什么事情，他说："我们这几天忙着过密枝节，什么事情都不可以做，等一个星期以后吧。"

他才挂了电话，毕老师就接着说：有些村寨的密枝节有很严格的要求呢，祭祀活动开始之前的头三天，祭祀执事团成员就不能跟女人在一起了，否则，会导致很严重的后果。同时，毕老师也叮嘱所有人，说今天下午祭祀活动结束从密枝林出来以后，任何东西遗留在密枝林里面，都不要回去取，等 7 天以后再说。

午饭后，所有密枝祭祀执事团成员都换上标志撒尼人身份的麻布褂子，准备出发。

所有祭祀执事团成员集中到房间里面，毕摩在前，其后是牵着绵羊的两个执事，再后是其余祭祀执事。毕摩念诵驱除绵羊身上污秽东西的经文，同时用水象征性地清洗绵羊的头、脚、嘴、尾巴等部位。经文念诵完毕，大家要跨过冷水浇过的火炭。不知是找不到火炭，还是他们觉得不方便，他们用点燃的香烟来代替火炭。

出发了，走在最前面的是手拿用草和麻秆做成的鞭子的毕摩；随后的是两个吹羊角号的祭祀执事，他们手里还拿着 4 根麻秆；接下来是两个牵绵羊的祭祀执事；紧随其后两个执事则抬着装有五谷和各种道具的两个簸箕；走在最后的两个执事分别负责挑桶和扛锅。

密枝翁玛吹响羊角号，准备出发

（上左）手拿麻秆、香、鞭子、
经书的毕摩
（上右）负责挑水的密枝祭
祀执事

（下左）负责牵羊的密枝祭
祀执事
（下右）密枝祭祀执事在进
入村寨主体部分时在道路两
旁分别靠两根麻秆

（上）前往密枝林的祭祀队伍

（下）来到密枝林大门前的祭
祀队伍

（上）密枝祭祀执事在密枝
林大门左右两侧分别靠两根
麻秆
（下）毕摩在密枝林大门前
念诵经文

（上）把草绳拴在密枝林入口的路上
（中）草绳上的木牌
（下）所有参加祭祀的成员都要从草绳下面钻过去

毕摩念诵经文祭祀密枝神

（上左）毕摩开始布置祭祀
道场
（上右）毕摩把不干净的东
西放进驮牛背上的箩筐里面

（下左）一边驮米一边驮不干
净东西的"驮牛"
（下右）祭祀道场中的"小鸟"、
"人"、香

从密枝翁玛家到密枝林，大约有 500 米，祭祀的队伍伴着嘹亮的号角声，一路走去，夹杂着执事团成员们"毕摩与猫交配"等吼叫声。迎面走来的女人，或者从小巷里面出来的女人，看到祭祀的队伍就慌忙躲开；在路边的人家，听到号角声也匆忙合上了自家的大门。

祭祀队伍进入老寨主体部分的时候，走在前面的密枝翁玛在路口两边靠上麻秆，点燃香烟，浇过冷水后，所有的成员都从上面跨过去。到密枝林大门口的时候，依然在门两边靠上麻秆，点燃香烟。

进入密枝林，他们在林间小路两边的竹子上拴那根做好的草绳，上面有两个画有驱鬼神灵的木片。所有祭祀执事团成员从这根草绳下面钻过去，来到祭祀密枝神的地方，歇下所有行李，等待毕摩的安排。

密枝翁玛抱出象征密枝神的石头，把头一年扎在石头上的红丝线换成新的。这根红丝线就是前文所述，密枝翁玛拴在绵羊左肩胛骨外侧羊毛上的那根红丝线。随后是毕摩布置整个祭祀道场。

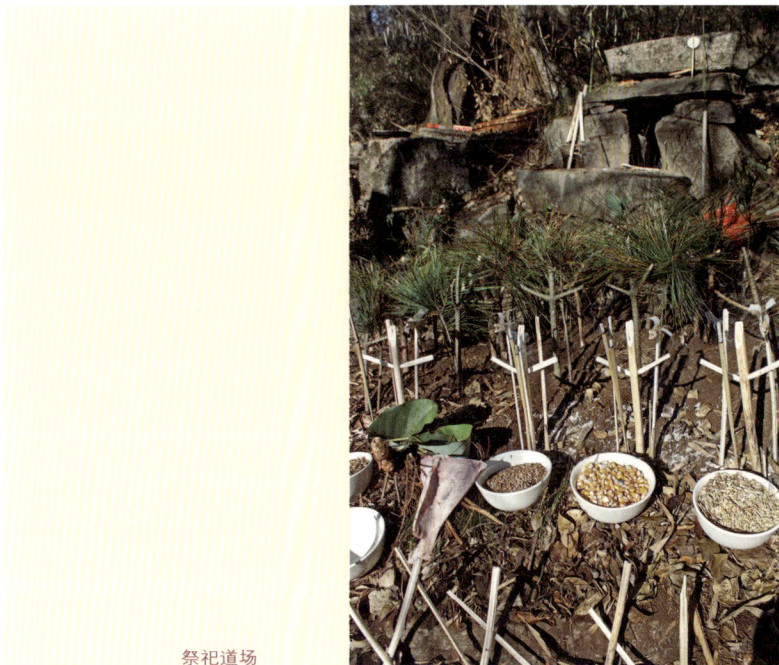

祭祀道场

毕摩先把"太阳"和"月亮"靠在密枝神府门口两侧，随后按如下顺序排列祭祀道具：

第一排：青冈栗树枝。

第二排：青冈栗树枝削成的"人"。

第三排：云南松树枝削成的"人"。

第四排：华山松树枝削成的"人"。

第五排：麻秆削成的"人"、"小鸟"和"棍棒"。

第六排："五谷"和驮

牛（玉兰树叶做成的两个箩筐，一个装东南西北中五方之土，一个装大米和盐巴）。

最后，毕摩用麻秆插成栅栏，把所有的祭祀道具都围在中间。

毕摩在布置祭祀道场的同时，其他祭祀执事开始四处寻找柴火，支起大锅，准备煮各家各户凑来的腊肉和羊肉。

毕摩念诵经文，完成绵羊的生领，随后指挥密枝翁玛拿起刀，向东南西北四方拜献，然后在羊腿上敲了三下，就把羊杀了。毕摩用一个装大米和盐巴的碗接了一些羊血，和五谷排在一起，同时献上一碗酒。

下午4点左右，密枝林旁边的大糯黑广场上，村民敲锣打鼓，弹着大三弦、跳着狮子舞，迎接从省城和其他大城市来的"非物质文化遗产保护区"验收团的专家和学者。响亮的乐器声和嘈杂的人声，几乎盖住了密枝林里面毕摩念诵经文的声音。在月湖的密枝节中，祭祀期间整个村子的任何人、任何角落都不可以动大三弦等乐器，更不能跳舞狂欢。其实大糯黑也一直守着这样的传统。2008年，村民开设的一户农家乐，在密枝节当天接待了从外面来的一群客人，随后的很长一段时间内，这件事情一直是人们茶余饭后的热点谈资，观点褒贬不一。今年，非物质文化遗产保护区验收团的专家学者们，以某种名正言顺的名义来到

毕摩在绵羊身上摆放云南松松针

了大糯黑，受到了村民的热烈欢迎。也许从此以后，大糯黑村关于密枝节期间乐器弹奏、歌舞狂欢的禁忌，也将逐渐淡去。

在响亮的乐器声和嘈杂的人声中，祭祀执事团成员按照毕摩的意思，把杀死的绵羊摆在祭坛跟前，绵羊的左侧朝向祭坛。毕摩一边念诵经文，一边在绵羊左肩胛骨外侧的羊毛上，用4把云南松针搭成一个井字，随后再一把一把地拆去。

祭祀执事团成员把绵羊的皮剥下来，密枝翁玛先把绵羊的左肩胛骨剔出来，和"五谷"一起供奉在密枝神前以后，大家便开始忙着煮食物和祭品。一口大铁锅煮羊肉和腊肉，一口大铁锅煮稀饭，一口罗锅煮"献饭"。煮稀饭所用的大米是各家各户上午凑来的，煮熟以后再平均分配给各个小组。大块的羊肉和整块的腊肉煮在一起，一段时

来广场准备迎接"非物质文化遗产保护区"验收的专家和学者

（上）毕摩在绵羊身上摆放云
南松松针
（下）毕摩念诵经文祭祀密
枝神

把村民凑来的腊肉和羊肉一起煮

系上红线以后被送回石洞中的密枝神石

间以后再捞出来，切成小片，继续煮。这样的搭配，能够把绵羊肉中本来的大部分膻味除去，提升了羊肉的味道。这些肉在煮熟之后，也要平均分配给各小组。煮献饭所需的原材料包括羊血、一点腊肉、羊舌的一部分、羊肝的一部分、羊尾巴的一部分、少量大米。煮熟的献饭将作为祭品供奉给密枝神。

献饭之前，密枝翁玛和一个祭祀执事把那个驮牛送到大糯黑与邻村的交界处，以示把村寨所有的污秽邪恶全部送到村寨之外。

把献饭供奉给密枝神后，密枝翁玛在毕摩的指挥下把密枝神石送回洞中，掩上那块盖在洞口的石板。所有祭祀执事朝密枝神磕头以后，见天色已晚，毕摩便收拾好他的摇铃和经书，离开大糯黑回石林县城去了。

各小组的组长带着水桶或饭锅，前来分肉和稀饭。各小组男性成员集中在大礼堂喝酒聊天、猜拳行令的时候，祭祀执事团成员开始收拾行李，离开密枝林，

（上）供奉在密枝神洞跟前的
"五谷"、"驮牛"、羊血、酒、
绵羊左肩胛骨
（下）密枝祭祀执事团成员在
离开密枝林之前向密枝神磕头

回密枝翁玛家悠闲地吃饭。旧时，所有男性成员都必须集中在密枝林中吃饭，兴致高的成员往往到深夜才回家。后来，大家开始觉得在灯火照明的房子里面吃饭，毕竟比漆黑的密枝林里面更舒服一些，所以也就坦然地接受了这个变革。

两个祭祀执事依然一路吹着号角，带领队伍往回走。途中碰到一个老人，觉得两个执事没能把号吹得很好，不由分说抢了过去，吹了起来。村寨里响起了确实很有韵味的号角声和祭祀执事们爽朗的笑声。

四、假日

2009 年 12 月 23 日 属虎

糯黑村民经常对外人说"糯黑糯黑，要挪到天黑"这句话，来调侃他们每天起早贪黑的劳作状况。他们往往很早在家里面吃点饭，而后带上"晌午（午饭）"下地干活。中途休息的时候，一家人或几家人凑在一起，吃带去的晌午。他们的晌午实际上就是冷饭加腐乳、腌菜、萝卜干，但是吃法一直保持手抓饭的习惯。农忙季节村民晚上 9 点以后回家也是很正常的事情。密枝节的这几天，村民可以待在家里，不用下地干活，一年四季经常使用的牛也可以休息几天。

和月湖村一样，女人三个一群五个一伙凑在一起绣花聊天；男人则上山撵小鸟。曾大哥和他的几个表弟，几天前就准备好了撵小鸟的网。两根竹竿，一张宽约 1.5 米、长约 30 米、用很细的线做成的网，是村民习惯使用的鸟网。在去撵鸟的途中，他们不断停下来，侧耳倾听山上是否有鸟叫声。最后他们选择了一个山头，把鸟网展开，插在山脚的地里面，由于网线很细，远远看去，只能看到两根竹竿。随后，他们分别从不同的方向爬到山顶，用抛石头、摇树枝、大声吼叫的方式，企图把鸟从山顶撵到山脚，希望鸟在飞向别的山头的时候撞在网上。他们撵过第一个山头，鸟网上还是空空如也，没有什么收获。我没等他们撵第二个山头，就先返回了村子。

虽然大糯黑的密枝节是从鼠月鼠日到马日7天的时间，但是后来几天都没有什么其他的活动了，所以，我决定2010年12月24日下午离开大糯黑。在我准备出发之前，我才听说猪日那天，也就是鼠月鼠日的头一天，村子里面一个人死了。由于主人家只能悄无声息地入殓，且不能再在属马日之前安排与丧葬相关的一切事情，所以我们虽然在村子里面，也竟然对此事一无所知。主人家只能在属马日后择某一天出殡。

（上）在山脚布网的撒尼男人
（下）准备上山捕鸟的撒尼男人们

结语

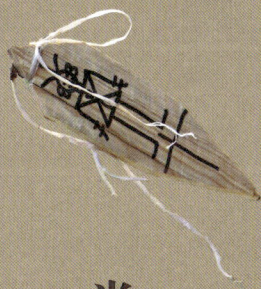

尚未被列为非物质文化遗产的密枝节

在撰写本书的过程中，笔者一直沉浸在学术文本的分析和祭祀活动的描述中。写到结束部分时，才发现自己不知不觉把撰写本书的初衷——非物质文化遗产丢在了一旁。于是觉得应该对主题进行一些回应，起码应该把自己一些关于石林彝族自治县密枝节的零星、不成系统、不成理论的想法呈现出来。

记得 2001 年农历鼠月的一天，我随石林彝族自治县民宗局的工作人员前往老圭山，参加他们的密枝节。这是一个由石林县民宗局具体组织实施，目的在于祈求全县范围内"人畜兴旺、五谷丰登"的密枝节。来自于全县不同村寨的数十名毕摩，在参加完县里组织的毕摩培训班后，一起来到圭山，祭祀掌管全县人民和庄稼的密枝神。10年后，我碰巧在圭山镇大糯黑村写这个结束语部分，因为当年的田野日志不在手边，正准备凭着记忆写点什么时，一个场景立马闪现出来：几十名毕摩集中在一个相对开阔的平台上，一起念诵县里统一印发的经文，举行祭祀密枝神的仪式。

在学者眼里，这个祭祀密枝神的仪式至少可能被进行两个向度的解读：一方面，

大糯黑村民有在房前屋后栽种杏子、苹果、李子等果树的传统

这仅仅是石林县民宗局组织的毕摩培训班所有学员的一次结业实战演习，因为主持密枝祭祀活动是衡量、检验撒尼毕摩的学识、水平的最高标准；另一方面，从撒尼人心目中密枝神的地域特征——"每个村寨都有掌管自己村寨的密枝神"来看，这个活动祭祀的对象应该是一个掌管更大的"村落"——即整个石林彝族自治县的神灵。这个神灵在祭祀活动举行之前是不存在的，是在这一次创新活动中创造和产生的。

在一些挑剔的、满脑子想要当地人保留固态民族文化供自己研究的学者眼里，这是石林县民宗局对撒尼人密枝节仪式和信仰的一次戏弄和调侃。不得不承认，在过去相当长的一段时间里，笔者自己也曾经这样想过，也曾经觉得这样的批判眼光和精神是正确无疑的，是作为一个学问践行者所必需的。

后来，撒尼人心目中密枝神诞生的过程让我有了一些新的想法。当撒尼人选择一个地方定居下来，并划定一片靠近村寨的树林作为密枝林后，就会去寻一块石头，请毕摩念诵经文，赋予这块石头灵性，从此藏奉于林间，每年定期祭祀，逐渐形成在某些方面区别于其他村寨密枝祭祀的密枝节活动。所以，一个新的撒尼村寨的诞生，必将伴随着一个新的密枝神的诞生，而每个村寨的密枝神的诞生都蕴含了一个新的创造的过程。

所以，由石林彝族自治县民宗局组织实施的密枝神祭祀活动，无疑也蕴含了一个新的密枝神的诞生过程。就我自己而言，不喜欢立刻就以自我的价值标准，或盲目浪漫地以所谓他们的传统为标准做出评判，贴以"该或不该""好与不好"的标签。但是乐意接受这样的观点：上述密枝神的诞生是突破民族文化"固态"的一个发展、一种创造，而且这个创造和发展在撒尼人的历史长河中曾经上演过很多次。

与此相反，"文化大革命"期间、"破四旧"、"立四新"的浪潮中，许多撒尼村寨的密枝林间的大树被大肆砍伐，作为密枝神化身的石头被弃之不顾，密枝祭祀的活动被令行禁止，祭祀密枝神所用的经典被无端焚毁，主持宗教仪式的毕摩也遭到批斗和迫害等。这个根植于撒尼人精神世界、客观上部分地保护了撒尼人居住地森林植被的信仰和祭祀活动，遭遇了前所未有的灾难。20世纪80年代中后期，撒尼人的密枝祭祀活动得以逐渐恢复，可是没过多久又赶上了大家后来才觉察到并界定的全球化浪潮。不论是所谓的全球化、一体化，还是全球经济一体化，无疑都对撒尼人的密枝节造成了不可估量的影响和威胁。

于是，学者开始呼吁，要保护和传承民族文化；政府也开始以各种可能的方式保护民族文化。在石林彝族自治县，最近一些年力度最大的措施莫过于申报和认定国家级、省级、市级和县级的非物质文化遗产传承人。因此，口传文学《阿诗玛》、大三弦、刺绣、各种类型的歌谣古调、民间绘画、各种类型的乐器制作和演奏、各种类型的民间舞蹈等都被界定为不同级别的非物质文化遗产。然而，撒尼人的密枝节，不知道什么原因，直到我完成初稿的2011年，都未能获得一个非物质文化遗产的名分。

就撒尼人的密枝节而言，有撒尼村寨的地方必有密枝林，有密枝林的地方必有密枝神，有密枝神的地方必有密枝节，有密枝节就必有一系列仪式活动和禁忌。在这些仪式和禁忌活动中，人与神的关系，人与自然的关系，人对神灵的敬畏，人对自然的敬畏，人与人之间的关系都蕴含于其中。

给不给密枝节以非物质文化遗产的名分其实并不重要，重要的是这算得上撒尼人真正意义上的一个非物质文化遗产，一个依然鲜活地存在于撒尼人生活中的文化事项。

在"非物质文化遗产"一词尚未被广泛使用之前，石林彝族自治县民宗局已经做了一系列的实践工作。比如 1996 年由石林彝族自治县民宗局编、云南民族出版社出版的《路南彝族密枝节仪式歌译疏》；石林县民宗局组织并具体实施的毕摩培训班；石林县民宗局主办的、每天在县电视台播出的彝文学习；石林县民宗局主导开发的彝文书写软件；石林县民宗局在月湖村、大糯黑村、小圭山村等实施的密枝林具体保护措施等；石林县民宗局与大糯黑村民一道探讨密枝节活动改革的尝试；当然也包括前面提到的那个盛大的、由石林县民宗局组织的老圭山密枝祭祀活动。

虽然中国的民族文化保护传承研究和实践从 20 世纪 90 年代初已经开始，可是目前依然是一个需要继续摸索、继续探求的课题。除了学者的研究外，还需要大量的尝试，哪怕是导致错误结果的尝试。所以，就 10 年前老圭山那个不为旅游、不为摄影发烧友、不为宣传的密枝祭祀活动而言，我自己任何可能的解读向度，都似乎显得多余了。

大糯黑村民用木栅栏把密枝林过去没有围起来的一段围了起来

图书在版编目（ＣＩＰ）数据

石林月湖村密枝节 / 陈学礼著. —— 昆明：云南美
术出版社, 2018.2
（非物质文化遗产的田野图像）
ISBN 978-7-5489-2668-9

Ⅰ.①石… Ⅱ.①陈… Ⅲ.①彝族－民族节日－宗教
节日－少数民族风俗习惯－石林彝族自治县 Ⅳ.
①K892.1

中国版本图书馆CIP数据核字(2017)第000041号

出 版 人：李 维 刘大伟
策 划：吉 彤 高 伟
责任编辑：李 政 吴 洋
责任校对：于重榕 李江文
装帧设计：高 伟 庞 宇
英文翻译：毕晓红

非物质文化遗产的田野图像
云南大学西南边疆少数民族研究中心◎编
何 明◎主编

石林月湖村密枝节

陈学礼 / 著

出版发行：云南出版集团 云南美术出版社
制版印刷：重庆新金雅迪艺术印刷有限公司
开本：889mm×1194mm 1/16
字数：52 千
印张：7.5
印数：1–2000
版次：2018 年 2 月第 1 版
印次：2018 年 2 月第 1 次印刷
ISBN 978-7-5489-2668-9
定价：98.00 元